2018
东亚区域经济展望报告

在变迁世界中保持韧性与发展

东盟与中日韩宏观经济研究办公室(AMRO) 著

图字：01-2018-4463

图书在版编目（CIP）数据

2018东亚区域经济展望报告/东盟与中日韩宏观经济研究办公室著. —北京：经济科学出版社，2018.7

书名原文：2018 ASEAN+3 REGIONAL ECONOMIC OUTLOOK

ISBN 978-7-5141-9524-8

Ⅰ.①2… Ⅱ.①东… Ⅲ.①区域经济-研究报告-东亚-2018 Ⅳ.①F131

中国版本图书馆CIP数据核字（2018）第147597号

责任编辑：孙怡虹　杨　洋
责任校对：隗立娜
责任印制：王世伟

2018东亚区域经济展望报告
在变迁世界中保持韧性与发展
东盟与中日韩宏观经济研究办公室　著
经济科学出版社出版、发行　新华书店经销
社址：北京市海淀区阜成路甲28号　邮编：100142
总编部电话：010-88191217　发行部电话：010-88191522
网址：www.esp.com.cn
电子邮件：esp@esp.com.cn
天猫网店：经济科学出版社旗舰店
网址：http://jjkxcbs.tmall.com
北京中科印刷有限公司印装
890×1240　16开　11印张　255000字
2018年7月第1版　2018年7月第1次印刷
ISBN 978-7-5141-9524-8　定价：86.00元
（图书出现印装问题，本社负责调换。电话：010-88191510）
（版权所有　侵权必究　举报电话：010-88191586
电子邮箱：dbts@esp.com.cn）

本报告由东盟与中日韩宏观经济研究办公室（AMRO）编写，为其成员经济体使用，已通过 AMRO 执行委员会审查。本报告的出版已获得 AMRO 执行委员会的批准，其任何解释或结论不一定代表 AMRO 成员经济体的观点。

本报告的所有内容均不构成或被认为是对 AMRO 特有的权利和豁免权的限制或放弃。

除非另有说明，本报告数据截至 2018 年 3 月 31 日。

© 2018 东盟与中日韩宏观经济研究办公室

版权所有，侵权必究。

CONTENTS 目录

致谢 / 1

前言 / 3

报告重点 / 5

缩略语表 / 10

宏观经济展望与挑战 / 1

一、全球背景及溢出效应对区域经济的影响 / 3
  专栏A　美国税收改革及其对区域新兴市场的影响 / 7
  专栏B　（贸易）战争之风 / 24
  专栏C　东亚的自然灾害和气候变化：影响与风险 / 31

二、区域经济展望与评估 / 35
  专栏D　东亚经济体经济周期和信贷周期简介 / 37
  专栏E　全新贸易协定——《全面进步跨太平洋伙伴关系协定》
     （CPTPP） / 43
  专栏F　溢出效应分析：超预期的美联储加息情景模拟及其
     对本区域新兴市场的影响 / 50

三、政策建议 / 53

四、附录：主要宏观经济指标 / 58

专题报告：在变迁世界中保持韧性与发展 / 61

一、坚持不懈：在变迁世界中保持韧性与发展 / 63

二 "出口型制造业"发展战略：仍然可行吗 / 63

三、"出口型制造业"战略：因全球价值链和不断增长的区域内需求而加强，同时受到保护主义的威胁 / 66

四、技术：一把"双刃剑" / 73

  专栏G 汽车行业：破坏性技术对欠发达经济体的不利影响 / 76

  专栏H 纺织品、服装和鞋类行业：是新兴经济体的增长引擎，也是提升能力的机会之窗 / 79

五、服务业：增长和就业的新引擎 / 81

  专栏I 业务流程外包和一般服务：菲律宾的经验表明，增强未来竞争力需要提高劳动技能 / 83

  专栏J 旅游业作为东亚经济体增长推动因素：处于发展阶段并且面临挑战 / 87

六、政策建议：借由多种增长引擎增强韧性 / 91

  专栏K 中国的"一带一路"倡议：不断增长的对外投资以及对东盟经济体的影响 / 95

附录：东亚经济体的发展 / 101

文莱 / 103

柬埔寨 / 106

中国 / 109

中国香港 / 113

印度尼西亚 / 117

日本 / 121

韩国 / 125

老挝 / 128

马来西亚 / 131

缅甸 / 134

菲律宾 / 138

新加坡 / 142

泰国 / 146

越南 / 150

参考文献 / 153

《2018东亚区域经济展望报告》中提供的评估是AMRO对东盟与中日韩地区（以下简称"本区域"或"该地区"），包括中国（含中国香港地区）、日本、韩国以及东盟（以下简称"东亚"）——印度尼西亚、马来西亚、新加坡、泰国、菲律宾、文莱、老挝、柬埔寨、缅甸和越南经济发展和风险进行持续监测的一部分。报告主要是对近期本区域经济发展和前景、本区域经济与全球经济的关系以及金融市场之间的内在联系进行全面评估。这些工作主要通过AMRO监测部门的分析以及对各成员经济体的磋商来完成。

本报告是在AMRO主任常军红博士、首席经济学家许和意博士以及其他高层管理人员的指导下，由AMRO地区和金融监测小组在Chuin Hwei Ng女士带领下起草的。

"宏观经济展望与挑战"由Anthony Tan先生主持编写，专题报告"在变迁世界中保持韧性与发展"由Suan Yong Foo先生主持编写。参与撰写报告的小组成员包括Siti Athirah Ali女士、Edmond Choo先生、Laura Grace Gabriella女士、Vanne Khut女士、Justin Lim先生以及刘心一博士。亚洲开发银行顾问Li Lian Ong博士在此次分析中为建立和实施宏观金融监测工具提供了宝贵的技术建议。Landfall Strategy Group公司的David Skilling博士也参与了专题章节的案例研究与分析。

本报告得益于AMRO监测部门工作人员的投入和建议，他们是Seung Hyun (Luke) Hong博士、Sumio Ishikawa博士、Jae Young Lee博士、Chaipat Poonpatpibul博士、Abdurohman博士、Jinho Choi博士、Tanyasorn Ekapirak博士、Paolo Hernando先生、黄贤国博士、Hyunjung Joseph Kim博士、Yoichi Kadogawa先生、李文龙博士、Ruperto Pagaura Majuca博士、Muhammad Firdauz Muttaqin先生、Thi Kim Cuc Nguyen博士、Diana del Rosario女士、唐新科先生、Jade Vichyanond博士、Wanwisa Vorranikulkij女士，以及AMRO的其他同事。

本报告还受益于以Akira Ariyoshi博士为组长的AMRO顾问组于2018年3月15日对报告提出的若干建议。出席2018年1月23日在新加坡举行的AMRO-IMF研讨会的与会者对本报告主题章节的初稿提出了富有洞见的评论与反馈，对此，本报告作者对他们表示由衷的感谢。毋庸置疑，本报告中所表达的观点仅为AMRO工作人员的观点，并不涉及各AMRO成员经济体。

本报告中文版翻译工作由新加坡ACTC翻译中心（ACTC Translation Centre Pte Ltd，www.actc.com.sg）组织完成。

前 言

2017年旗舰报告创刊号《东亚区域经济展望报告》（简称"AREO"）成功发行后，AMRO继续开展监测工作并陆续出版了研究成果。《2017东亚区域经济展望报告》出版后不久，我们在成员经济体的支持下于2017年5月出版了第一份《国别磋商报告》，随后又相继发布了其他报告。自2018年1月起，我们开始在官网上发布短期实时AREO每月动态。

《2018东亚区域经济展望报告》通过对经济周期和信贷周期的分析，对区域监测和国家监测工作进行了全面综合评价。该框架有助于在东亚区域内开展更加一致、更具可比性的跨国评估，有助于加强对经济体的国内风险和溢出风险分析。我们正在不断完善分析工具和框架，通过开展区域经济监测、支持实施清迈倡议多边化（CMIM）协议，为东亚区域的宏观经济和金融稳定做贡献。

与一年前相比，美国和欧元区增长强劲，东亚区域迎来全球经济前景向好之势，但也面临着一些外部风险。外部需求拉动出口增长，国内需求保持弹性，尽管一些经济体的通货膨胀依然坚挺，但总体呈良性状态。如本报告的全球风险地图所示，区域经济前景面临两大风险，即贸易保护主义和快于预期的全球金融状况的收紧。关于这些风险，政策制定者可审慎考虑将金融稳定性优先于实现经济增长目标。这种环境下，货币政策和财政政策空间可能更为受限，使用全套政策工具应对外部冲击将是明智之举。

2017年的《2017东亚区域经济展望报告》专题研究题为"亚洲金融危机20年回顾"。我们注意到，在亚洲金融危机后的复苏过程中，对全球贸易的承诺与开放、外国直接投资和资本流动都是促使本区域从区域贸易和一体化中受益并迅速恢复的关键因素。

本年度的专题研究是"在变迁世界中保持韧性与发展"。专题探讨了本区域应当如何迎接全球因素带来的贸易和生产网络以及科技的根本变化等挑战，探索了本区域如何最大限度地利用并开发人力资本等资源维持经济韧性，保持增长。这些因素将对本区域的"出口型制造业"发展战略带来考验。例如，全球价值链的形成虽然加速了区域内的贸易和一体化进程，但也可能通过整个供应链放大由贸易保护主义等外部冲击所带来的影响。在保持韧性与发展的过程中，技术、自动化和不断发展的服务业给经济体同时带来了挑战和机遇。本区域有充足的缓冲空间和资源，可用于投资本区域以强化生产能力，深化一体化以谋求共同利益。

许和意（Hoe Ee Khor）
AMRO首席经济学家

报告重点

宏观经济展望与挑战

发达经济体和新兴经济体的经济发展前景有所改善，通货膨胀趋于稳定。在美国，强劲的经济增长使物价趋于稳定，预计从2018年开始，政府将出台更多的财政刺激方案（包括减税和财政支出）。在欧元区，由于私营企业需求强劲，周期性复苏的表现将强于预期。相比欧元区，英国经济被"脱欧"不确定性的阴影笼罩，经济增长放缓。

由于全球需求的增长，加上半导体行业处于上行周期以及资本开支的与日俱增，全球贸易呈现蓬勃发展的势头。全球半导体销售等行业指标也反映了全球贸易强劲的发展势头。能源和工业用金属的商品价格反弹，这也是推动出口的动力。

鉴于美联储已经开始实施货币政策正常化和推动加息，同时欧洲央行也制定了退出策略，全球金融形势将收紧。通货膨胀再一次成为美国经济的风险，而此风险可能会引发快于预期的货币政策的紧缩。尽管全球股市在2018年2月初出现抛售，资本却源源不断地流入东亚新兴市场经济体的债券市场。由于在过去五年里大量资金进入本区域的债券市场，需密切监测由全球金融状况收紧或信心受损而引发的资本外流的风险和影响。

受益于全球有利的环境、强劲的国内需求和出口增长以及稳定的通货膨胀率，区域经济继续增长。大多数区域经济体正处于经济周期的中期，其产出缺口缩小。随着外部需求的改善，该地区的增长率预计将保持在5%的水平，AMRO预测该地区的GDP增长率2018年为5.4%，2019年为5.2%；2018年中国GDP将增长6.6%，日本增长1.3%。

如AMRO的全球风险地图所示，东亚区域面临的两大短期风险均为外部驱动风险：

- 由于美联储为应对国内通货膨胀率上涨而加息，如果政策措施得不到很好的沟通，全球金融形势的收紧将快于预期，这可能引起强烈的市场反应。这将通过资本外流、主权债券收益率的攀升、借贷成本的攀升以及更高的债务再融资风险等，对该地区造成溢出效应。

- 美国可能扩大对进口商品以及对主要贸易合作伙伴（包括东亚地区贸易合作伙伴）的关税征收范围，这将导致全球贸易紧张局势升级，可能阻碍该地区强劲的出口增长。该地区的全球价值链（GVC）将放大由贸易紧张局势带来的影响。此外，贸易紧张局势升级还会增加不确定性，对全球经济和金融市场带来溢出效应。

短期的尾部风险包括该地区的地缘政治风险升级、G3经济体增长弱于预期以及贸易保护主义风险。评估结果显示，中国经济增长超预期放缓的风险在短期内不太可能出现。最后，气候变化、自然灾害以及网络攻击等都是长期的非经济风险。

在外部需求的改善下，该地区建立了缓冲，以抵御潜在的外部冲击。鉴于外资大量参与区域性国内金融市场，在市场避险情绪高涨的情况下，持有当地货币资产的外资可能迅速平仓，同时也由于资本外流的风险，可能会给汇率和外汇储备造成下行压力。但是，区域汇率在近年来变得更加灵活，充分发挥了缓冲作用。在政府的审慎干预下，在外部冲击下汇率的调整步伐以及对实体经济的影响都可以得到控制。

政策制定者应该继续扩展其政策空间，尤其是在货币政策方面，以应对未来全球金融环境的进一步紧缩。财政政策、货币政策以及宏观审慎政策的组合将取决于各经济体当前处于经济周期和信贷周期的阶段。

- 对于处于经济周期中期的经济体而言，政策制定者没有太大的动力去追求额外货币或财政刺激。相反，对于处于经济周期后期的经济体而言，在出现通货膨胀压力或外部失衡的迹象时，政策制定者可以考虑调整货币的宽松程度并减少财政刺激。

- 尽管大多数区域经济体都处于经济周期的早期或中期，但鉴于过去几年积累起来的信贷，政策制定者应采取偏紧的货币政策，近期应该优先确保金融稳定，这比经济增长更重要。

- 在房地产市场等领域呈现脆弱性的情况下，收紧宏观审慎政策有助于维护金融稳定，而且大多数区域经济体已经积极收紧宏观审慎政策。

- 由于货币政策受到全球形势的限制，因此财政政策就必须在支持经济增长方面发挥更大作用，从而使整体宏观经济政策不至于过分收紧。但是，这取决于可用的财政空间和财政规则。

- 政策制定者必须考虑到借贷杠杆等国内外脆弱性以及其对外部融资依赖程度的限制，对政策进行相应调整。为了提高生产力，应继续推进结构改革。

专题报告：在变迁世界中保持韧性与发展

全球的生产要素发生了根本性的变化，尤其是关于贸易和生产网络、技术以及人口结构的挑战，本专题研究了该区域将如何保持韧性与发展。过去几十年来，东亚经济体一直推行"出口型制造业"发展战略（始于日本和韩国，然后是东盟主要经济体，如今是东盟的发展中经济体），创造了强劲的自我强化动力，进而促进经济、就业、生产力和薪资的增长。过去十年以中国为生产基地的全球价值链的形成，促使本区域经济体增加出口，同时受益于出口导向型外国直接投资，制造能力得以增强。

目前，这种"出口型制造业"发展战略受到了全球价值链演变所带来的结构性变化的考验，有迹象显示，全球价值链的形成已经过了巅峰，随着国内生产能力的提升，各国直接生产中间产品而非进口。全球价值链提高了整个东亚区域吸引外国直接投资的竞争力，使其成为区域生产基地，但同时也放大了自由贸易保护主义等近期挑战对整个供应链的影响。能与这些影响保持平衡的是该区域日益增长的来自区域内的最终需求，这吸收了更多的区域出口，从而有助于缓解由贸易保护主义带来的外部冲击。

事实证明，技术对"出口型制造业"的增长模式是一把"双刃剑"。一方面，制造业的新技术和自动化意味着制造业不会再像以前一样创造大量的就业机会。我们对该区域汽车行业以及纺织品、服装和鞋类（TCF）行业做了案例研究，这很有启发意义。研究认为，对于那些在发展技术工人队伍以及提高新技术的吸收和应用能力方面落后的经济体，在保持韧性与发展的过程中面临的挑战最大。另一方面，技术促进了服务业作为潜在经济和就业增长的新引擎。虽然人们通常认为服务业的生产率低下，创造的就业岗位工资低，但如果使用适当的技术，那就并非如此。正如通过业务流程外包的案例研究中所见，经过技术改造，服务业得以实现跨境交易，创造技术型就业机会。技术还可把服务"商品化"和"优步化"，以市场为导向促进服务需求的识别，然后利用技术向消费者提供更高效更便宜的服务。与货物贸易类似，区域内对旅游等服务的需求日益旺盛也能创造另一个增长引擎。

要利用区域内需求、技术和服务业的优点，强化经济体和区域的韧性，就需要政策承诺和行动。对东亚的单个经济体而言，鉴于贸易、生产和技术变化带来的挑战，重点建议就是通过多个增长引擎（包括日益发展的服务业）保持经济韧性。对整个东亚区域而言，重点建议就是加强区域内连通性和一体化，满足日益增长的区域内最终需求。虽然该区域仍然对全球贸易和投资保持开放，但利用好区域内需求将改善整个区域抵御贸易保护主义等外部冲击的韧性。东亚区域内部的丰富资源和发展的多样性是该区域的优势。

- 可通过对国内和区域内基础设施的投资以及贸易便利化政策，改善连通性，最大限度地提高该区域的现有全球价值链的效率，还可通过持续的成本优势使该区域在"出口型制造业"发展战略方面更具竞争力。就全球价值链整合而言，降低进口产品的成本与促进出口同等重要，而且在区域内建立经济特区（SEZ）可以促进将进口产品加工为出口商品。

- 开发一个充满活力的服务业需要一套专门的政策，政策切入点可以从审查那些不利于服务业而相对促进制造业的政策开始。让服务业自由参与国际竞争将提高生产力，技术进步则很可能让这种自由化的过程瓦解既得利益集团。

- 服务业中附加值最高的部分需要人力资本和熟练劳动力，因此政策制定者可以考虑通过制定支持性的劳动力和移民政策来利用东亚区域的人力资本。技术和自动化对非技术型就业构成的挑战必须通过全面的政策组合加以解决，包括提高劳动力技术水平、以移民方式利用东亚区域的熟练劳动力、教育政策，等等。

缩略语表

ADB	亚洲开发银行	KPO	知识流程外包
AEs	发达经济体	LCY	本国货币
AFC	亚洲金融危机	MOVE	美林期权波动指数
AI	人工智能	NAFTA	北美自由贸易协定
BIS	国际清算银行	NTBs	非关税壁垒
BOJ	日本银行	ODI	对外直接投资
BPO	业务流程外包	OECD	经济合作与发展组织
CAPEX	资本支出	OEM	原始设备制造商
CPI	消费者物价指数	OPEC	石油输出国组织
CPTPP	《全面进步跨太平洋伙伴关系协定》	PBC	中国人民银行
		PCE	个人消费开支
CBO / CPB	国会预算办公室 / 荷兰经济政策分析局	PMI	采购经理指数
		PPI	生产价格指数
DXY	美元指数	R&D	研究与开发
EMBIG	全球新兴市场债券指数	SEZ	经济特区
EME	新兴市场经济体	SOEs	国有企业
EMs	新兴市场	TCF	纺织品、服装和鞋类
EIA	美国能源信息署	TCJA	《减税与就业法案》
ECB	欧洲中央银行	UNCTAD	联合国贸易与发展会议
FCY	外币	VIX	芝加哥期权交易所波动指数
FDI	外国直接投资	WEO	国际货币基金组织的《世界经济展望》
Fed	美联储		
FOMC	联邦公开市场委员会	WTO	世界贸易组织
FX	外汇	3MMA	3个月移动平均值
G3	美国、欧元区和日本	bps	基点
GDP	国内生产总值	FY	财年
GFC	全球金融危机	mb/d	百万桶 / 日
GFCF	固定资本形成总额	SA	季节性调整
GVC	全球价值链	s.w.d.a.	季节性和工作日调整
ICT	信息、通信与技术	yoy	年同比
IEA	国际能源署	ASEAN	东南亚国家联盟
IIF	国际金融协会	ASEAN+3	东盟与中国（包括中国香港地区）、日本、韩国
IMF	国际货币基金组织		

ASEAN-4	东盟四国（马来西亚、泰国、印度尼西亚、菲律宾）	MM	缅甸
		MY	马来西亚
ASEAN-5	东盟五国（马来西亚、泰国、印度尼西亚、菲律宾、越南）	PH	菲律宾
		SG	新加坡
		TH	泰国
ASEAN-6	东盟六国（马来西亚、泰国、印度尼西亚、菲律宾、越南、新加坡）	VN	越南
		BR	巴西
		CA	加拿大
ASEAN-9	东盟九国（马来西亚、泰国、印度尼西亚、菲律宾、越南、文莱、老挝、缅甸和柬埔寨）	DE	德国
		EU	欧盟
		HU	匈牙利
		IN	印度
Plus-3	+3（中国、日本、韩国）	MX	墨西哥
BCLM	文莱、柬埔寨、老挝、缅甸	TR	土耳其
BRICS / LatAM	金砖国家/拉丁美洲	U.K.	英国
CLMV	柬埔寨、老挝、缅甸、越南	U.S.	美国
BN	文莱	EUR	欧元
CN	中国	GBP	英镑/磅
HK	中国香港[1]	JPY	日元
ID	印度尼西亚	RMB	人民币
JP	日本	USD	美元
KH	柬埔寨		
KR	韩国		
LA, Lao PDR	老挝人民民主共和国		

---

[1] 为简洁起见，文中称"中国香港"为"香港"。

2018东亚区域经济展望报告
ASEAN+3 REGIONAL ECONOMIC OUTLOOK 2018

在变迁世界中保持韧性与发展
Resilience and Growth in a Changing World

宏观经济展望与挑战

一、全球背景及溢出效应对区域经济的影响

> 发达和新兴经济体的经济发展前景有所改善。通货膨胀再次引起关注，因为它可能导致发达经济体以快于预期的速度紧缩货币政策，影响新兴市场的资本流动。全球贸易已有所回升，但2018年可能会受到美国贸易保护主义措施的影响。

全球主要发达经济体和新兴经济体的经济前景更加明朗，尤其是美国和欧元区的通货膨胀率比较坚挺。金融危机十年后，发达经济体和新兴经济体的增长保持同步增长（见图1.1）。在主要发达经济体内，商业信心的提高拉动了资本支出（capex）反弹，主要受欧洲和日本的推动，2017年全球非金融资本支出增长超过5%（见图1.2）。全球需求和全球贸易的周期性上升推动新兴经济体和发展中经济体的出口增长，大宗商品出口国受益于坚挺的大宗商品价格。根据市场共识预测，2018年和2019年的全球增长率分别是3.8%和3.7%。

图1.1　发达经济体和新兴经济体的增长在十年后再次保持同步

注：e/估计；p/预测。

资料来源：彭博（Bloomberg）共识预测。

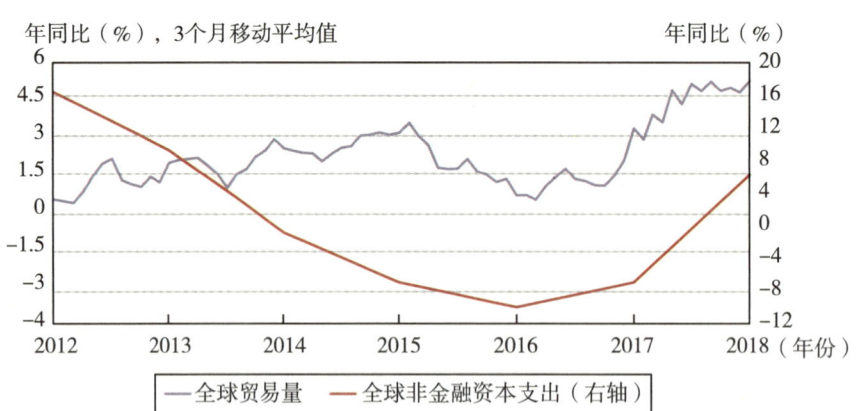

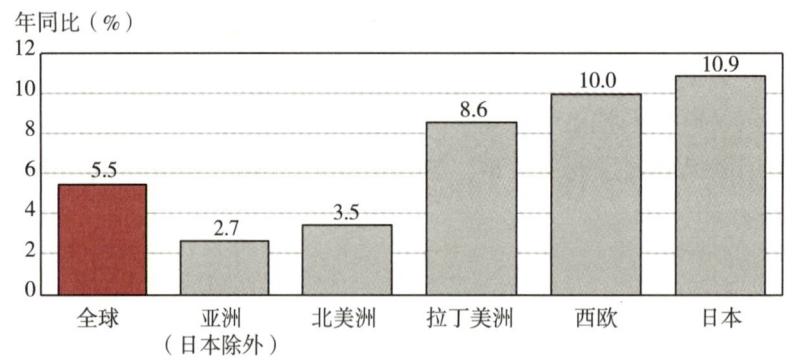

图1.2　全球贸易的周期性上升和资本支出支撑全球经济增长

资料来源：荷兰经济政策分析局、标普全球。

美国方面，经济周期后期的增长使物价压力趋于稳定，同时出台了包括减税和财政支出在内的刺激措施。持续的就业增长拉低了失业率，提升了商业固定投资支出，家庭资产负债状况也得到改善，这些都巩固了经济发展势头。依据美国《减税与就业法案》（见专栏A）采取的财政刺激措施以及未来两年的财政支出计划[2]，预计将进一步呈现乐观的发展前景。美国经济接近充分就业，近几个月，美国的核心个人消费支出（PCE）通货膨胀率有所上升（见图1.3）。虽然没有任何迹象表明美联储会加快加息进程，但财政刺激措施引发的通货再膨胀导致市场对美联储是否会在2018年加速完成三次加息表示担忧。之前市场共识预期为2018年会有两次加息，转而倾向于美联储将在2018年三次加息（见图1.4）。

---

[2]　美国立法人员于2018年2月达成的两党支出协议将在未来两年内增加3 000亿美元的联邦政府支出。

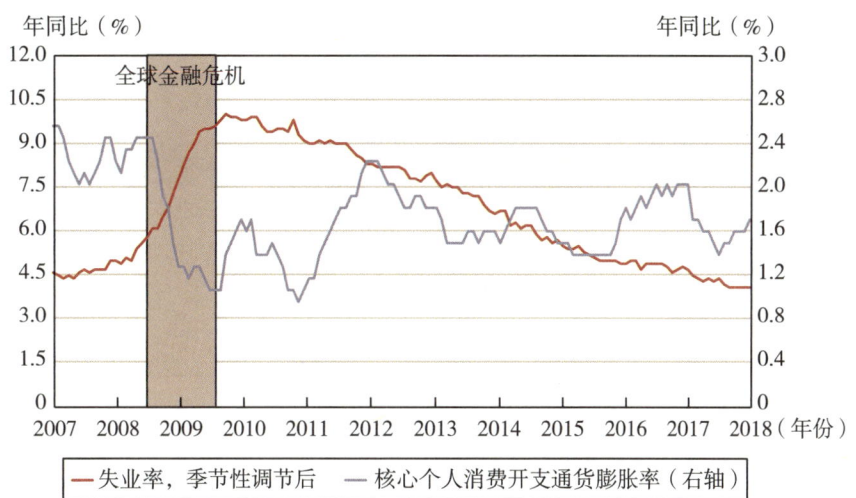

图1.3 美国经济接近充分就业，而核心通货膨胀虽然基数较低，但仍呈上升趋势

注：阴影部分为全球金融危机时期。

资料来源：美国经济分析局。

图1.4 美联储加息计划的市场共识预期与美联储计划一致

注：虚线表示联邦公开市场委员会预测的2018年联邦基金目标利率中位数，分别介于2.00%~2.25%之间。

资料来源：美联储、彭博。

在欧元区，周期性复苏强于预期，根据采购经理指数（PMI）指标，私营部门的需求在改善（见图1.5）。经过几年的缓慢增长后，欧元区经济体增长速度惊人，创下多年来的最高增长率。整个欧元区的商业信心达到了全球金融危机前的水平，而且工业部门和服务业的各个部门发展态势都良好。尽管潜在的价格压力趋于上升，但包括经济增长强劲的德国在内，工资通货膨胀依然处于低位。尽管通货膨胀率较低，考虑到产出和就业缺口缩小了,欧洲央行将逐步退出货币刺激政策。[3]加上美联储的加息和减少资产负债,[4]全球金融环境和利率将在2018年收紧。

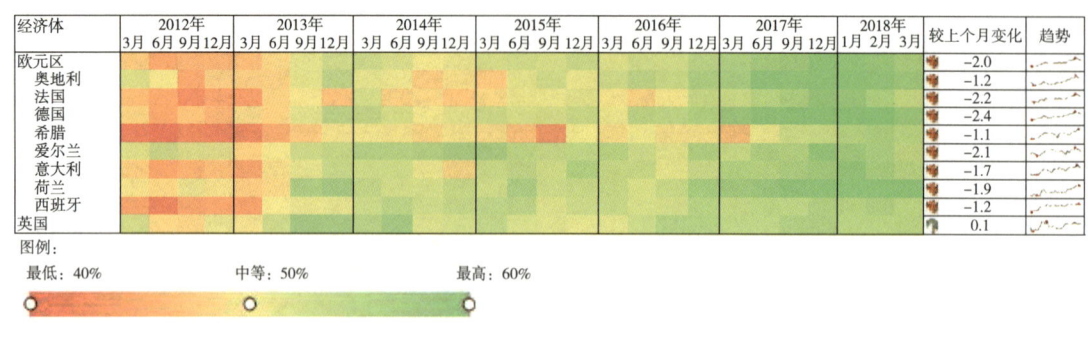

图1.5 欧元区制造业采购经理人指数显著提高

资料来源:Markit。

相比欧元区,英国经济受"脱欧"不确定性的阴影所影响,经济增长放缓。由于英镑贬值对实际收入造成冲击,导致家庭支出缩水(见图1.6),因较大的成本压力,业务活动也有所减少。英国核心消费者物价指数通货膨胀率仍然较高(见图1.7),这迫使英格兰银行在2017年11月收紧政策,但这可能会抑制后期的经济增长。[5]

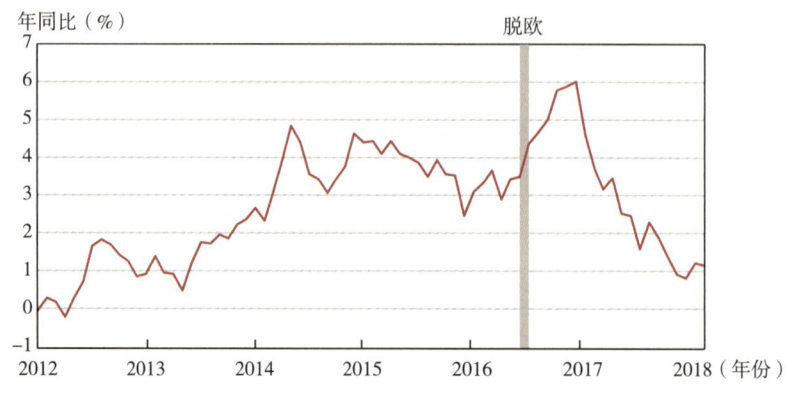

图1.6 英国家庭开支随英镑贬值而回落

注:阴影部分为英国公投时期。

资料来源:英国国家统计局。

---

[3] 从2018年1月开始,欧洲央行的净资产购买额从600亿欧元降到了300亿欧元。该计划预计执行到2018年9月底,必要时还可继续执行。主要再融资率维持在0.00%不变,银行隔夜存款利率也维持在-0.40%不变。银行的紧急隔夜借贷利率维持在0.25%。

[4] 从2017年10月开始,美联储也开始减缩其资产负债表。据2017年6月公布的消息,美联储计划每月减持初始上限为60亿美元的国债持有量,上限每三个月增加60亿美元,最高上限为每月300亿美元。美联储还将减少其政府部门债务和抵押支持证券持有量,每月初始上限为40亿美元。该上限每三个月将增加40亿美元,最高上限为每月200亿美元。

[5] 2017年11月2日,英格兰银行十多年来首次上调利率,将基准利率(从0.25%)上调到了0.50%。

图1.7 英镑疲软导致通货膨胀率日益攀升

注：阴影部分为英国公投时期。美元/英镑汇率较低表示英镑贬值。
资料来源：路透社、英格兰银行。

专栏A

美国税收改革及其对区域新兴市场的影响[6]

税收改革主要规定

2017年12月22日，美国总统特朗普正式签署《减税与就业法案》。《减税与就业法案》是20世纪80年代以来最重要的税收改革，重点在于降低个人所得税和企业所得税，以及从全球性国际征税制度转向属地国际征税制度。虽然个人所得税率削减幅度较小，而且会在2025年底到期，但企业所得税从35%降到了21%，幅度大且永久有效。

另一个重大变化是从全球性国际征税制度转向属地国际征税制度。根据属地制度，仅对企业在美国境内的收入征税。属地制度只针对某些项目，因为规定要求继续对美国跨国公司（MNC）的海外累积收入征税。

东亚地区的潜在宏观经济溢出渠道

《减税与就业法案》可通过三个渠道对包括东亚地区在内的新兴市场产生宏观经济溢出效应：

（1）通过减税促进美国国内消费和投资来推动美国经济增长；
（2）增加未来美国的预算赤字，提高美国国债收益率和全球主权债券收益率；
（3）如果美联储的评估结果显示，《减税与就业法案》带来美国通货膨胀压力，美

---

[6] 本专栏作为专题文章，首次刊载于2018年2月AMRO的《东亚区域经济展望报告月刊（AREO）》。

联储可能会以快于2018年三次预计加息的速度提高政策利率。全球金融形势将以快于预期的速度收紧，而且，如果美联储不能很好地沟通其政策，还可能引发新兴市场的资本外流。

在这三个渠道中，推动美国经济增长的这个渠道具有积极影响，另两个渠道则可能对本区域不利。

1. 预计美国经济增幅有限

美国国会税收联合委员会估计，相对于未来十年的基准增长，《减税与就业法案》将使实际GDP增长率平均每年提高约0.7个百分点。私营部门的共识预测显示较低的增长率，范围估计在+0.2~+0.4个百分点（见图A1）。由于美国经济接近充分就业，因此其增长的潜在上行空间有限。

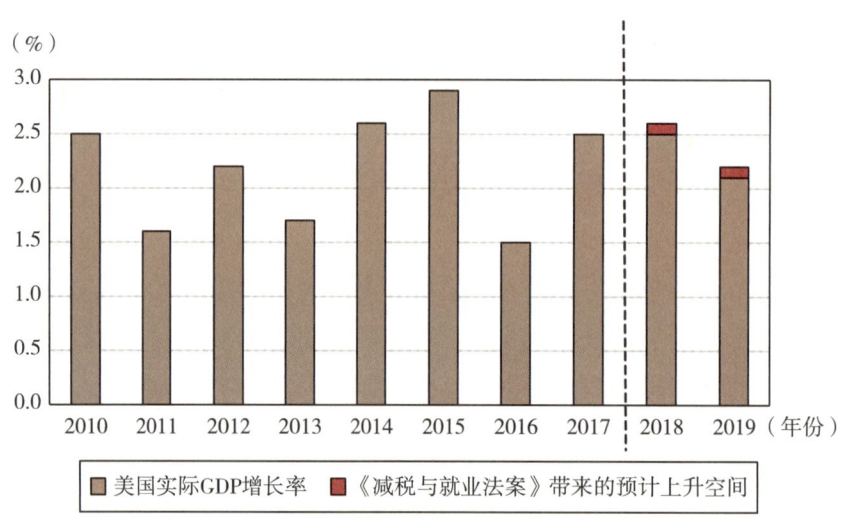

图A1 《减税与就业法案》推动美国GDP增长

资料来源：彭博。

2. 预计美国预算赤字增加可能会进一步推高美国国债收益率

《减税与就业法案》对财政收入的影响不是中性的，预计会在前十年（2018~2027年）累计增加1.456万亿美元的预算赤字。此后，随着个人所得税的减税期满，预算赤字增长将逐渐减少（见图A2）。虽然预算赤字增加了，但是也要考虑到供应方积极的变化，因为经济增长率的提高将一定程度上增加税收收入。美国税收联合委员会估计，考虑到来自供应方的积极影响后，《减税与就业法案》仍将在2018~2027年间累计增加1.07万亿美元的预算赤字（见图A3）。对于美国预算赤字预期的增长，市场已经做出回应，其中，美国国债收益率自2018年初以来便一直呈上涨趋势（见图A4）。

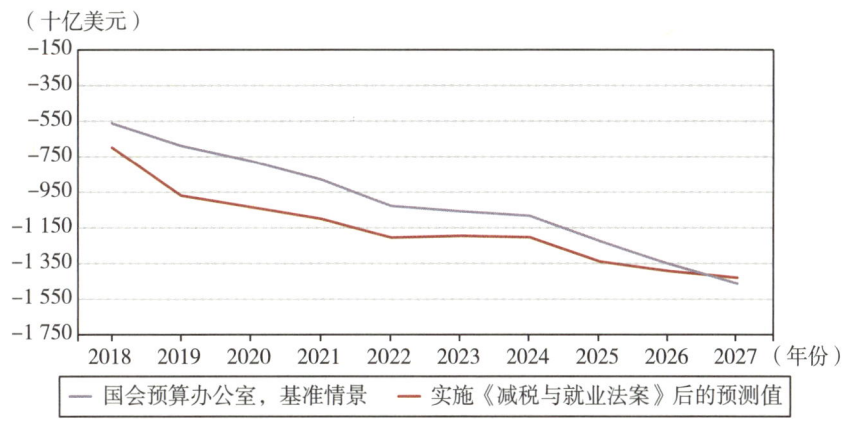

图A2 实施《减税与就业法案》后美国的预期预算赤字（2018~2027年）

资料来源：国会预算办公室、税收联合委员会。

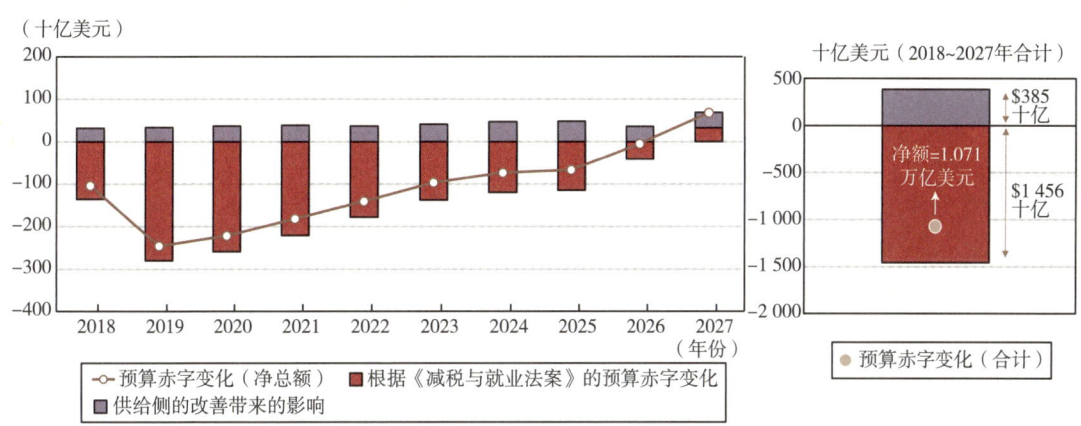

图A3 根据《减税与就业法案》的美国预算赤字预计年度变化（2018~2027年）

资料来源：税收联合委员会。

图A4 美国国债收益率攀升

资料来源：彭博。

3. 美联储回应：保持加息步伐

虽然美国国债收益率有所上升，但由于美联储表示其有意保持2018年三次的加息步伐，因此全球金融形势尚未过度收紧。美联储还指出，在过去的一年，金融市场已反映了对财政政策变化的预期。

潜在宏观经济溢出效应的综合评价

由于《减税与就业法案》对美国经济增长的推动作用有限，因此，由美国出口需求增长对本区域产生的正面溢出效应也较为有限。虽然美国国债收益率大幅上涨以及快于预期的美联储加息步伐所带来的潜在负面溢出效应尚未显现，但由于《减税与就业法案》所带来的宏观经济影响日益显著，对这些风险应予以特别关注。

对美国跨国公司海外活动的潜在影响

对于美国跨国公司来说，除这些宏观经济渠道外，尽管在亚洲等地的东道国，良好投资机遇的回报率仍可能超过《减税与就业法案》中节省的税款，但《减税与就业法案》可能会改变这些公司在海外投资或留存利润在税收方面的考量。尽管有人认为美国的企业税率下调本身可能导致投资从其他经合组织国家转向美国，但税率下调至21%将使美国的实际税率接近经合组织国家的平均水平，而不明显低于经合组织国家的平均水平。因此，美国企业税率下调不太可能引发新一轮的全球税率竞争。

另一项较大的变化是从全球性国际征税制度转向局部属地制度。根据《减税与就业法案》的要求，美国跨国公司的海外累积现金和流动资产仍需缴税[7]——因此，不存在"纯粹的"属地制度，这可能会对目前将大量收益留存于海外的跨国企业造成一次性负面影响。《减税与就业法案》还对打击"利润转移"和"税基侵蚀"作了规定，目前美国跨国公司出于税收目的在海外存放"无形资产"（如专利、版权和商标）或开展重大集团内部财务交易，这样《减税与就业法案》总体上对这些东道国具有一定影响。[8] 由于这些"无形资产"和交易对成熟市场（如欧盟，而非亚洲）中的美国跨国公司来说更为重要，因此，欧盟可能会受到更大影响。美国跨国公司仍在研究《减税与就业法案》对其海外业务所在地的影响，而该法案对本地区的投资活动的实际影响也尚未确定。但总的来说，在亚洲等地的东道国，良好投资机遇带来的回报仍可能超过《减税与就业法案》中涉及的税收变化。

---

[7] 《减税与就业法案》对1986年12月至2017年12月之间的海外累积现金和流动资产按15.5%的税率征税，对同期进行海外再投资的收入按8%的税率征税。根据税收联合委员会的估计，美国跨国公司在未来十年可能会就一次性影响支出3 390亿美元。

[8] 《减税与就业法案》还采纳了"税基侵蚀和反滥用税（BEAT）"条款。《减税与就业法案》的运作方式类似替代最低税，如果公司忽视对其向海外关联公司跨境支付的扣款，则要求公司计算其美国的应纳税所得额。如果根据替代税按10%税率征收的税款超过根据正常税按21%税率征收的税款，公司则必须支付差额。未来十年，美国跨国公司预计会就税基侵蚀和反滥用税支出1 500亿美元。

由于全球需求的增长，加上半导体行业处于上行周期，全球贸易呈现蓬勃发展之势。全球贸易景气（WTO）指数显示，出口订单、空运和集装箱运输的增长势头强劲（见图1.8）。假设全球贸易在2018~2019年实现5.0%的增长（AMRO基准平均增长率：+4.0%），全球贸易稳定上行周期将给东亚带来正面的溢出效应，预计这将使区域经济在约5.5%的基准增长率上再提高0.8个百分点（见图1.9）[9]。但是，全球贸易增长仍然易受贸易保护主义风险的影响。本节将就此内容展开进一步讨论。

图1.8 全球货物贸易额持续高于中期趋势

注：数值100代表中期趋势线，大于100表明呈增长趋势，小于100则相反。方向变化反映了相比前一个月的势头。图中对比了全球贸易景气指数的历史数值与实际货物贸易数据。当全球贸易景气指数（蓝线）在货物贸易指数（红线）上方时，贸易总量增长有加速趋势。当全球贸易景气指数在货物贸易指数下方时，贸易总量增长有减速趋势。

资料来源：世界贸易组织、荷兰经济政策分析局。

---

[9] 该模型假设2018~2019年美国和欧元区的平均基准增长率分别为3%和2.5%。

图1.9 东亚区域经济体的出口和增长得益于全球贸易

注：全球贸易上行时假设2018年和2019年的平均全球贸易增长率为5.0%（AMRO基准平均增长率：+4.0%），凸显从2017年上半年开始全球贸易的持续复苏状态。自2017年第四季度开始预计。基准情景假设2018年和2019年的全球平均增长率为3.5%。

资料来源：Oxford Economics、AMRO计算。

除农业商品价格外，2018年能源和工业用金属的商品价格均有所回升。能源市场方面，自2018年初开始，国际油价随石油输出国组织减产而有所回暖（见图1.10）。但美国能源信息署的石油基本供需预测表明，供给可能会在短期内持续失衡，限制油价的上涨潜力（见图1.11）。受产量下降带来利好的影响，工业用金属（如铜、铝和钢）的价格已经回升。[10]

图1.10 2018年能源和工业用金属价格上涨

资料来源：彭博。

---

[10] 据彭博社报道，投资者买进铝的迹象表明，中国削减产能以及加强环境控制的措施将收紧供应，而锌等其他工业用金属则受益于矿产品产量下降。

图1.11 预计2018年全球石油供需失衡将持续

资料来源：美国能源信息署。

尽管未来全球金融形势将收紧，但目前仍然保持宽松，有利于全球市场发展以及资本流入新兴市场（见图1.12和图1.13）。尽管如此，由于美国的通货再膨胀引起全球市场的担忧，从而造成短期抛售现象，[11]这说明市场对可能快于预期的美联储加息非常敏感。经过一段市场平静期后，全球金融环境将在未来一段时期变得更为紧缩，政策制定者应做好应对冲击的准备。

图1.12 全球经济增长支撑新兴市场资产反弹，进而支持新兴市场货币

注：就全球风险偏好而言，正读数越大则表明投资者对风险资产的偏好越大。具体表现为全球市场波动指数、美林期权波动指数、全球外汇波动指数、美国BBB级企业债券利差和全球新兴市场债券指数（EMBIG）利差通过主成分分析所得的第一主成分，我们对此取负值。就新兴市场外汇而言，增长表示外汇升值。

资料来源：彭博、AMRO估值。

---

[11] AMRO：《东亚区域经济展望报告月刊（AREO）》，2018年2月。

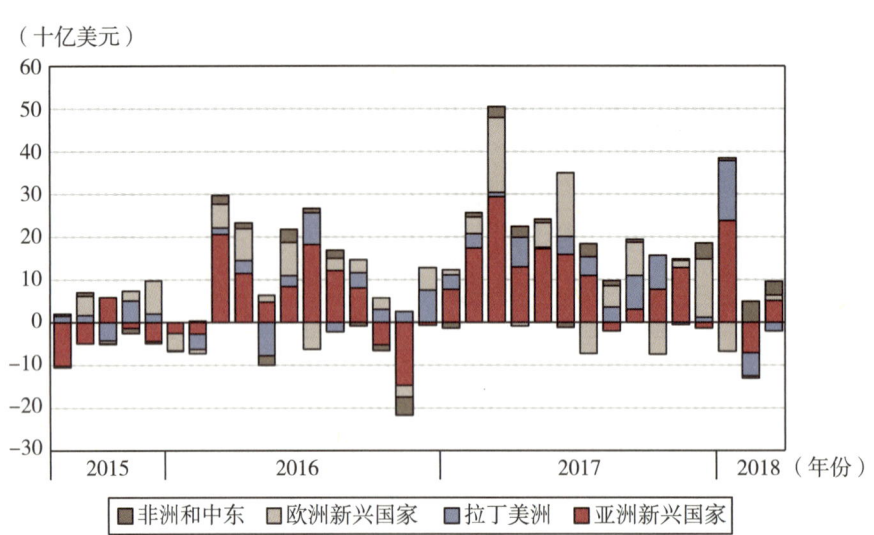

图1.13 投资组合资本持续流入新兴市场

注：图上日期对应非居民资本流动净值。
资料来源：IIF。

新兴市场的债券市场已流入大量资金，政府应关注快于预期的全球加息速度对该债券市场产生的影响。如图1.14（b）所示，与股票不同，全球投资者已增持新兴市场债务证券。截至2018年1月，这些债券占全球债券基金分配量的12%，达到全球金融危机后的高位。如果因长期债券持有相对缺乏吸引力导致利率大幅上升，这将导致对债券的投资组合的调整，资本将随之外流，可能导致市场剧烈波动。

（a）全球投资者的新兴市场股票投资组合分配

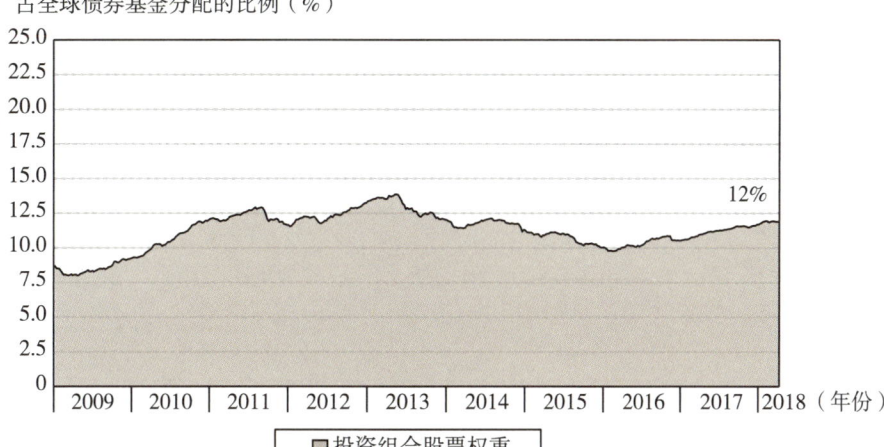

（b）全球投资者的新兴市场债券投资组合分配

图1.14　全球投资者继续增持新兴市场债务证券

资料来源：IIF。

本区域的两大重要经济体——中国和日本的增长前景乐观。私人消费、基础设施投资和服务业的强劲发展推动了中国经济增长。

由于消费、投资和出口的大力发展，中国经济呈增长态势。2017年中国的实际GDP增长率达到6.9%（见图1.15），这主要受私人消费、基础设施投资和出口增长的驱动。私人投资增长率在2016年跌至谷底，2017年在物价上涨和企业利润提高的背景下略有回升（见图1.16）。鉴于前景的改善，AMRO将中国2018年和2019年的实际GDP增长率预测值分别上调至6.6%和6.4%。

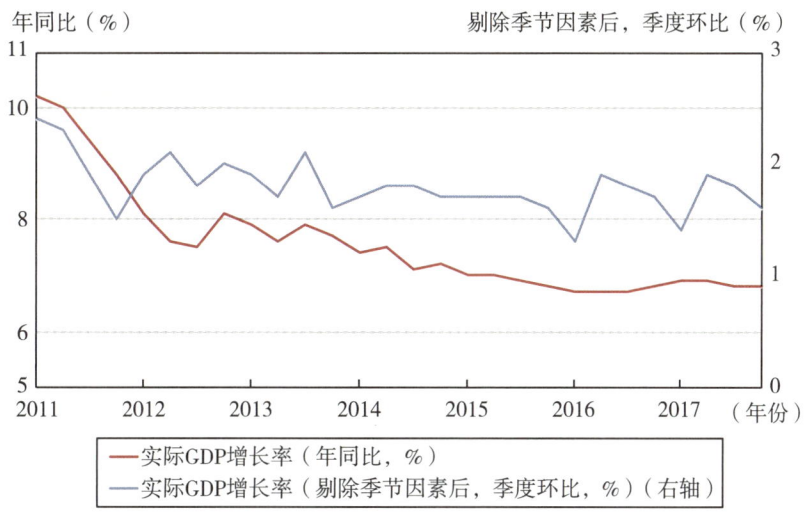

图1.15　2017年中国保持稳定的增长势头

资料来源：中国国家统计局。

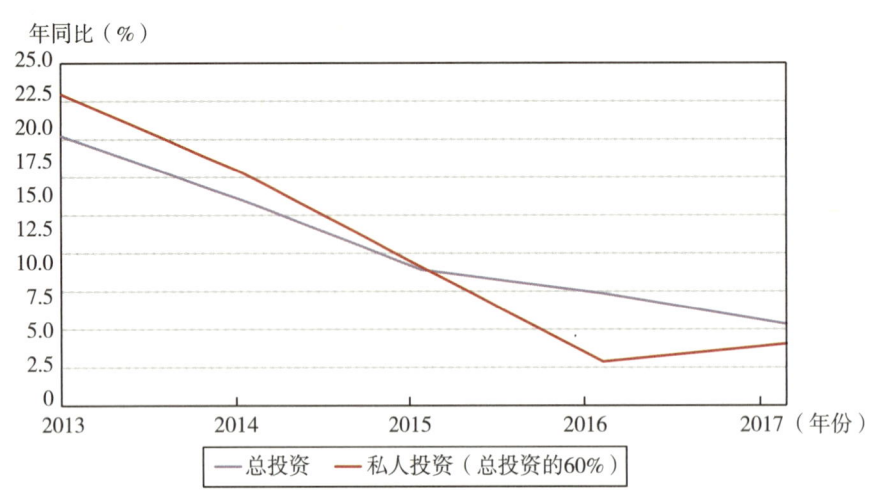

图1.16 2017年私人投资增长回升

资料来源：中国国家统计局。

中国的整体通货膨胀率低，PPI通货膨胀率在2017年年初大幅上涨后放缓。2017年的整体通货膨胀率低，主要反映为食品价格的下跌。相比之下，核心通货膨胀率随强劲的经济增长而有所上升。受大宗商品价格强劲反弹、持续去产能、投机活动的影响，同时在一定程度上受基数效应的影响，PPI通货膨胀率在经过长时间的负增长后，自2016年9月转为正增长。

2017年第一季度至第三季度期间，中国的资本和金融账户近三年来首次出现盈余（见图1.17）。这在一定程度上反映了继2017年6月20日将上海证券交易所A股纳入MSCI指数，以及中国香港和中国内地建立债券交易连接（"债券通"）后，非居民投资组合加大对中国资本市场的投资。乐观的经济发展前景、更为稳定的汇率，以及利用宏观审慎政策对跨境资本流动进行逆周期管理缓解了人们此前对中国资本外流的担忧。人民币和其他区域货币兑美元汇率走强（见图1.18）。2017年5月，人民币/美元中间价定价机制引进逆周期调整因子，这也对抑制汇率的过度波动有所帮助。人民币作为贸易结算货币，在金融市场中的作用越来越重要，政策制定者需要继续对人民币政策进行有效沟通，这有助于稳定市场预期。

尽管中国经济仍在进行结构性改革，但短期内出现经济增长急剧下降（硬着陆）的可能性较低。政策措施缓解了房地产、企业和金融业的风险。抑制投机活动的政策措施在缓和一、二线城市住宅价格快速增长方面发挥了作用。在非金融企业部门，由于企业盈利能力提高且生产价格大幅上涨，债务累积已逐渐减少。以市场为导向的债转股和债务证券化等政策措施都有助于减少债务。在金融领域，评估结果显示大型银行对债务较多的行业（如产能过剩行业）内的企业敞口风险较为适度，而对中小银行来说，这种风险仍较高。[12]中国金融监管机构自2016年开始执行宏观审慎评估体系（MPA），同时采取其他更为严格的管制措施对银行（尤其是中小银行）的风险承担活动以及更审慎的贷款活动施加限制。

图1.17　中国资本和金融账户（不包括直接投资流动）
自2017年第一季度开始转为盈余

资料来源：中国国家外汇管理局。

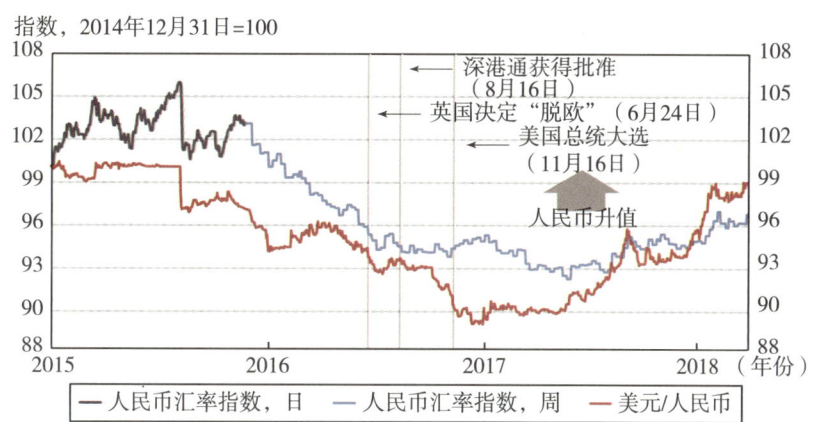

图1.18　和其他区域货币一样，人民币兑美元走势强劲

注：人民币汇率指数增加则表示人民币升值。阴影部分表示2016年6月英国公投、2016年8月深港通获得批准，以及2016年11月美国总统大选。

资料来源：中国人民银行。

---

[12] 在企业总债务中占重大份额的行业有制造业（20%）、房地产业（15%）、公用事业（14%）、建筑业（12%）和运输业（12%）。尽管经济条件改善和政策措施因素缓解了企业高债务带来的金融稳定风险，但仍存在一些漏洞。鉴于产出增长继续延缓债务增长，采矿业、房地产、钢铁业和建筑等行业的盈利能力和偿债能力均有所下降。在工业领域，国有企业的偿债能力指标似乎比非国有企业低。强于预期的借款成本上涨以及更为紧缩的金融环境可能会导致企业陷入困境，从而可能使这些企业更易受冲击的影响。更多详情，请参见2017年11月的专题研究《中国企业债务：宏观与行业风险评估》。

虽然中国的国内风险得到了缓解，但针对中国的外部贸易保护主义风险却随美国所采取的贸易行为而上升，并且可能给本区域带来明显的溢出效应。中韩均为美国双边贸易赤字最大的国家，可能还会成为美国贸易纷争的目标国。2018年3月，美国总统特朗普宣布向原产于中国等国家的进口钢铁和铝分别征收25%和10%的关税。早在2018年1月，美国就已经对进口太阳能电池板和洗衣机征收关税，严重影响了中国企业（以及本区域主要出口商）的经营。美国的贸易政策以及本地区可能采取的报复行为可能会加剧贸易的紧张局势，这会是2018年的一大风险。

针对这种短期的外部贸易保护主义风险，加强同中国的区域内贸易，以满足本地区最终需求，将继续对本区域产生正面溢出效应。中国经济向消费拉动型经济的转型将加大从本区域进口商品和服务的需求。中国从东盟的消费品进口额快速增长（见图1.19），对本地区（东亚）的服务消费需求也有所增加。中国公民在本区域的出境旅游活动显著增加（见表1.1），为本区域（尤其是东盟发展中经济体）的服务业提供了发展动力，也成为外汇收入的重要来源。此外，中国逐渐成为一个大型对外投资者，利用其储蓄进行海外投资。中国与"一带一路"有关的对外直接投资（ODI）将有助于填补东盟一些经济体的基础设施投资缺口（见"专栏K：中国的'一带一路'倡议"）。

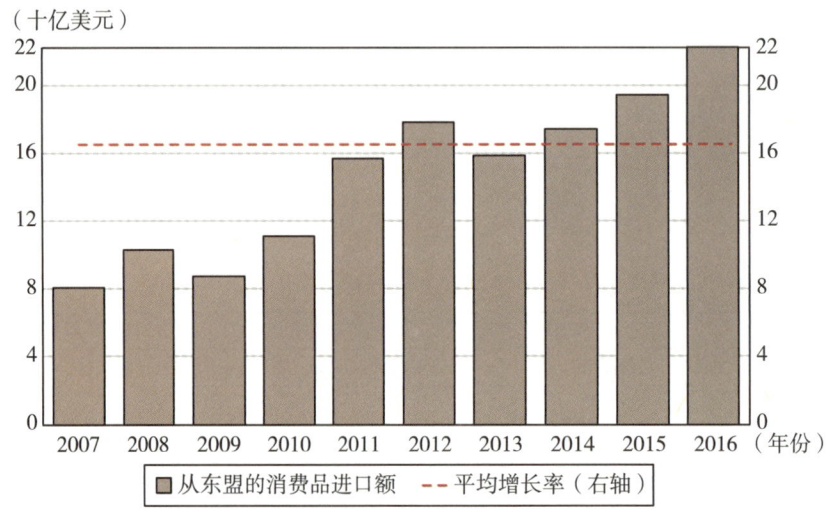

图1.19 中国对东盟的消费品进口额稳定增长

资料来源：联合国货物贸易统计数据库。

表1.1 中国（不包括中国香港地区）游客占大多数区域经济体游客量的比例激增

	2016年中国游客数（百万人）	中国游客占该国接纳全部外国游客的比例（%）		
		2009年	2012年	2016年
文莱*	0.04	0.4	0.5	0.5
柬埔寨	0.8	6.3	9.3	16.6
印度尼西亚*	1.2	6.2	8.5	12.0
日本	5.0	14.8	17.1	26.5
韩国	8.1	17.2	25.5	46.8
老挝*	0.4	6.4	6.0	10.2
马来西亚*	2.1	4.3	6.2	7.9
缅甸*	0.05	不适用	不适用	14.5
菲律宾	0.7	5.1	5.9	11.3
新加坡	2.9	9.7	14.0	17.5
泰国	8.8	5.5	12.5	26.9
越南	2.7	14.0	20.9	26.9
合计	32.0	7.8	12.0	20.6

注：*缅甸数据截至2016年，文莱和印度尼西亚数据截至2015年，老挝数据截至2014年。马来西亚数据包括来自中国香港地区的游客。

资料来源：各国官方机构、AMRO计算。

在强劲外需的推动以及宏观经济政策的支持下，日本经济继续保持高于潜在水平的强劲增长。

日本在国内持续的需求和强劲外需的支撑下，经济保持稳健增长，远高于其潜在增长率（见图1.20）。[13] 2017年第三季度最新的短观调查显示，与过去十年相比，日本制造商对日本的商业环境更有信心。由于家庭收入随劳动力供给的不断紧缩而逐渐增加，家庭私人消费也有所增加。乐观的前景也反映了实施2016财年[14]刺激计划等支持性的宏观经济政策的效果。由于公共支出对整体增长的贡献下降，AMRO预计其2018财年的增长率将降至1.3%。2019财年实际GDP增长率预计为0.7%。

---

[13] 日本的潜在增长率估计为0.7%~0.9%之间。
[14] 日本的财政年度为当年4月至次年3月。

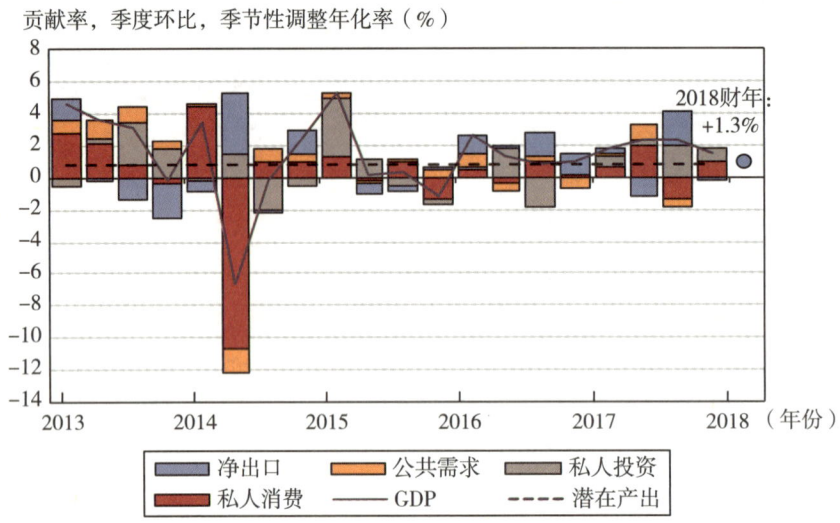

图1.20 日本经济继续保持强劲增长，并高于其增长潜力

资料来源：日本内阁办公室。

尽管劳动力市场形势严峻、全球大宗商品价格上涨，日本的消费品通货膨胀仍然低迷。由于全球大宗商品价格上涨，消费品（不包括新鲜食品，但包括能源相关产品）通货膨胀率自2016年底逐渐回升，但消费品物价指数（不包括新鲜食品和能源）仍然很低（见图1.21）。由于实际经济增长率高于潜在的经济增长率，又由于由全球大宗商品价格上涨带来的转嫁效应，通货膨胀率预计将在短期内温和上升至0.7%~0.8%左右。中期来看，通货膨胀率预计将远低于2%的目标，受结构性粘性价格（如房屋租金和公共管理价格）的影响，通货膨胀预期仍将保持在目前的较低水平。

图1.21 日本消费者物价指数依然低迷

资料来源：日本国内事务与通信部、日本经济研究中心。

日本的金融环境仍然十分宽松，融资条件良好。考虑到充足的流动性以及由负到零的利率环境，金融机构通过加大对房地产业和家庭的抵押贷款力度提高收益率。在商业方面，企业的融资需求也有所增加。尽管有良好的融资条件，但银行仍面临着国内贷款净利差较低的盈利问题，促使其进行海外放贷和投资，从而提高利差和收益率。

日本的银行仍是本区域的主要贷款者。美元资金成本宽松，汇率对冲成本也下降，这使得日本银行的美元资金成本较低，从而支持其对本区域进行美元贷款。按交叉货币基差互换率[15]计算的美元资金成本已走出2016年底的峰值（见图1.22），在一定程度上反映了日本投资者2017年年初暂时减少了对海外债券的投资。但是，鉴于美国金融监管改革的不确定性以及欧洲银行业资本监管可能会收紧，美元资金成本可能会再次提高。[16]面对日益增长的外国证券需求，日本金融机构面临外币资金紧张的挑战。[17]尽管贷款业务必须寻求更高的海外收益，但就溢出效应而言，如果美元融资成本上升，将导致日本银行提高对本地区企业的美元贷款利率（见图1.23）。

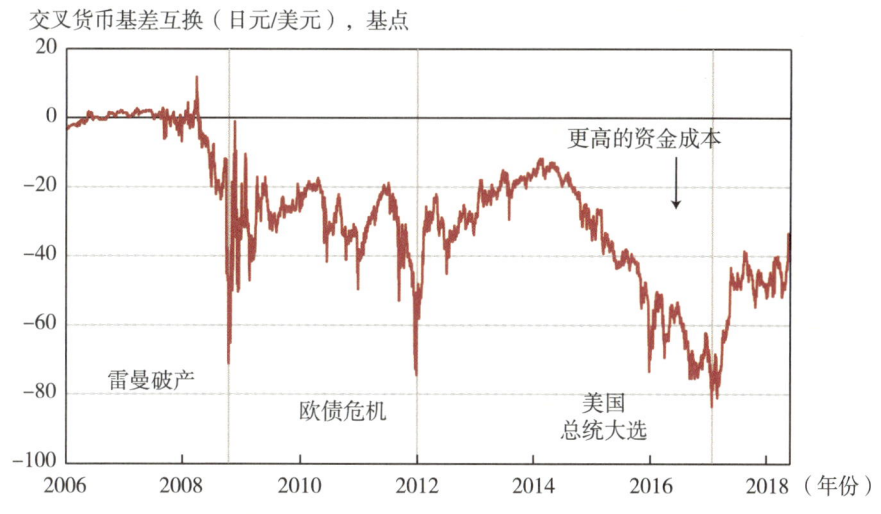

图1.22　与美国总统大选期间相比，美元资金流动性状况有所缓和

注：交叉货币基差互换体现了将本币负债转换为美元负债所需要支付/获得的溢价（−）/贴水（+）。互换率越低表示美元负债资金成本越高。阴影部分表示2008年10月雷曼破产、2011年12月欧债危机以及2016年11月美国总统大选。

资料来源：彭博。

---

[15] 交叉货币基差互换通常用作银行和金融机构投资者进行外币融资或货币风险对冲的工具。
[16] 例如，金融监管改革不确定导致加强风险规避和/或对交易对手风险的顾虑，可能会扩大基点。
[17] 此外，在日本国内银行中，日本政府债券（JGB）在市场中作为外汇掉期交易抵押品的可用性也在降低。

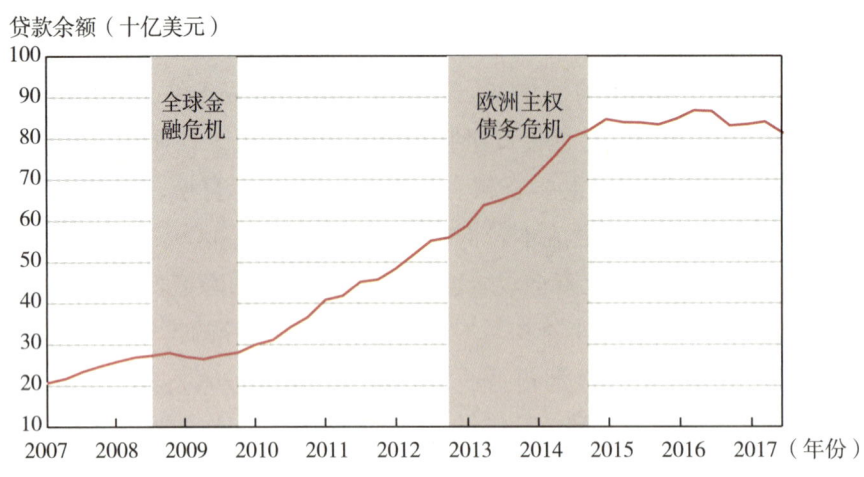

图1.23 日本的银行是东盟九国的主要跨境贷款机构

注：阴影部分分别表示全球金融危机时期和欧洲主权债务危机时期。
资料来源：国际清算银行（BIS）。

以下的全球风险地图为AMRO对东亚所面临风险的总结，其中，风险主要为外部风险。

本区域面临的风险主要来自外部，近期表现为两大风险。一是全球金融环境收紧的速度快于预期，二是由美国诸多贸易保护主义行为引起的全球贸易紧张局势升级（见图1.24）。近期风险可能会相互强化，反映出实现一个或多个风险事件的相互作用。例如，因美国征收关税引发的全球贸易紧张局势升级可能会和本区域的地缘政治风险相互作用，导致风险规避加剧以及本区域的大规模资本外流。鉴于全球经济前景仍在继续改善，经评估，G3（美国、欧盟、日本）经济体经济增长弱于预期带来风险的可能性低，但却可能被其他风险引发。评估认为，中国的经济增长前景乐观，经济增速快速放缓的风险已在短期内消退。

近期风险

（1）由于美联储为应对国内通货膨胀率上涨而加息，如果政策措施得不到很好的沟通，全球金融环境紧缩速度将快于预期（中等可能性/影响大），则可能引起强烈的市场反应。其对本地区的溢出效应将通过资本外流、主权债券收益率的攀升、借贷成本的攀升以及债务展期风险等渠道体现。

（2）美国扩大关税征收范围导致全球贸易紧张局势升级，主要针对东亚地区的贸易伙伴（中等可能性/影响大），这可能会破坏本地区强劲的出口增长。本地区的全球价值链将放大贸易紧张局势的影响。此外，贸易紧张局势升级还会增加不确定性，对全球经济和金融市场产生溢出效应。专栏B《（贸易）战争之风》详细阐述了美国同中国以及本地区其他经济体之间的贸易共生关系，AMRO也对贸易紧张局势对本地区经济增长影响进行了评估。

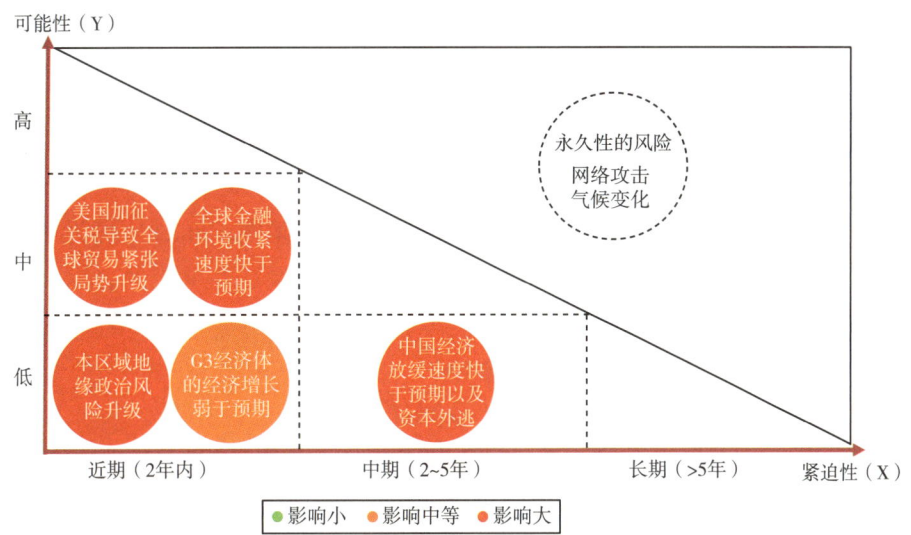

图 1.24　全球风险地图（本区域面临的风险）

注：风险为可能降低全球经济增长基准预测及/或显著影响全球金融稳定的最重要风险。可能性（Y轴）：在该时间范围内出现风险的可能性。可能性无法精确估计，但其相对位置更为重要。

资料来源：AMRO。

（3）本区域的地缘政治风险升级（可能性低/影响大）可加剧风险规避行为、资本流向避险资产以及对实体经济严重后果等，具体取决于此风险的升级形式。

（4）G3经济体经济增长弱于预期（低可能性/影响中等）以及贸易保护主义的其他风险将抑制全球经济增长和外需，给本区域的经济增长和出口造成第二轮影响。

中期风险

由于结构性改革步伐受挫，中国经济增长放缓速度超过预期，导致资本外逃（低可能性/影响大），这可能会引起金融危机，导致债务去杠杆化比预期更快。这可能会削弱人们对经济的信心，还会使全球以及本地区的经济增长失去一大引擎。这将导致居民和非居民的相关资本外流，影响人民币汇率和中国外汇储备，将大大影响本地区市场的信心。

除实体经济和金融市场的风险外，还存在地缘政治紧张局势（近期尾部风险）等非经济根源引起的尾部风险，以及气候变化和网络攻击等"永久性风险"。虽然预计我们可以更好地预测其风险传导渠道，但这些非经济风险的可能性和影响在本质上仍难以评估。

近期的一个非经济的尾部风险是地缘政治紧张局势及其对经济增长的影响。虽然往往难以确定这类风险事件的时间点和严重性，但毫无疑问，其对实体经济（贸易和投资）和金融市场（资产价格和信心）具有直接的负面影响和溢出效应。例如，就地缘政治风险而言，对经济的冲击会迅速蔓延到银行系统和金融市场，并对经济造成严重破坏。尽管难以规避风险，尤其是溢出风险，但可以审慎地采取积极的风险管理和业务可持续性计划，将冲击的影响降到最低。关于银行业和金融市场，缓解措施包括让具有系统重要性的银行具备充足的流动性缓冲和支持。在危机管理时期，政府也需要进行有效的政策沟通和协调，这可维持对经济的信心。

气候变化的影响是永久性风险。随着自然灾害的发生率和严重程度越来越高，对经济体的影响也随之增加。收入较低的经济体更容易受到气候变化的影响，这是因为自然灾害带来的影响大，灾害重建又需要大量资源和资金。这就要求增加投资，采取相应措施，投资防御气候变化，采取措施建立长期抗灾韧性，同时分别为重建和社会安全网提供充足的预算和支出，准备灾后恢复成本。专栏C《东亚的自然灾害和气候变化：影响与风险》着眼于本地区自然灾害对经济增长和财政状况等因素的影响，以及针对预期经济冲击建立足够的经济缓冲。

专栏B

（贸易）战争之风

"忘记过去的人，注定要重蹈覆辙。"——乔治·桑塔亚纳，《理性生活》，1905~1906年。

世界上最大的两个经济体有着紧密共生的贸易关系，二者及世界上其他经济体从中获益匪浅，但这都可能遭受重大挫折。2018年1月，美国政府对其巨额贸易逆差表示担忧，进而对洗衣机和太阳能电池板征收关税。特朗普总统随后于3月1日宣布对从所有经济体进口的钢铁和铝分别征收25%和10%的关税（尽管后续豁免了部分经济体的关税）。3月22日又拟对从中国进口的500亿美元技术产品征收关税。对此，中国表示将对美国一系列进口产品加征关税，如大豆、车辆和飞机。4月6日，特朗普总统要求美国贸易代表考虑对从中国进口的价值1 000亿美元的商品征收额外关税。

美国对中国的货物贸易逆差巨大，其原因基本可以用经济和贸易的基本原理以及全球化进程来解释。中国自2001年加入世界贸易组织以来，对美国的商品出口迅速增长，双边贸易顺差越来越大。目前，中国占美国货物贸易赤字总额的47%，占比远高于美国任何其他主要贸易伙伴（见图B1）。中美贸易不平衡在很大程度上反映出：（1）两大经济体利用其生产和技术方面比较优势，这是一个良性的市场结果；（2）市场的开放，从比较优势中受益；（3）美国生产者和消费者对中国商品的强烈需求。因此，不能简单地把美国的产出和就业损失归结于同中国的贸易往来。

如果考虑其他因素，美国对中国的贸易逆差则并不明显。这些因素代表了各国经济发展和国际化的进展，包括：

- 商品增值贸易的兴起。美国与中国的货物贸易部分反映在亚洲供应链内部以中国为最终加工中心的货物贸易（见专题报告）。此前的市场研究表明中国从其他亚洲经济体进口大量原材料和中间品作为产品投入品，随后再将产品出口到美国和其他地方（见图B2）。换言之，美国对中国的贸易逆差可以说是美国对许多其他经济体的贸易逆差之和，这些经济体向中国出口中间品，最后再出口到美国。

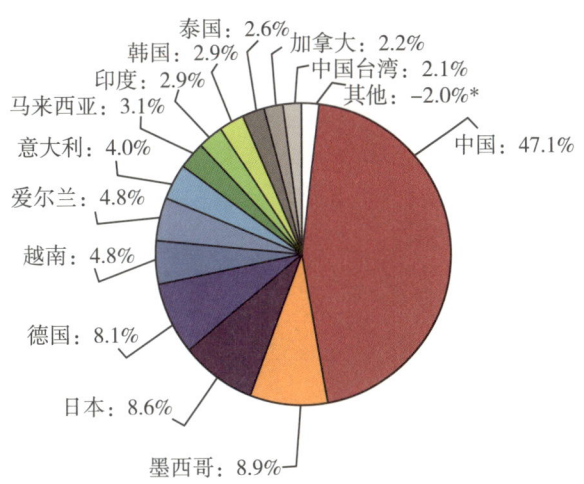

图B1　2017年美国货物贸易逆差结构

注："–"指美国对"其他经济体"的贸易顺差。
资料来源：美国人口普查局、AMRO计算。

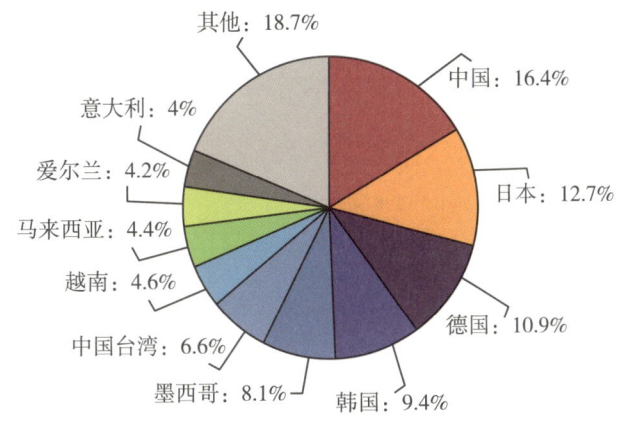

图B2　美国货物贸易逆差结构，附加值，基于2015年

资料来源：德意志银行（数据来自中国海关、国际货币基金组织和万得）。

- 对美国生产者和消费者的好处。美国企业购买更为便宜的中国商品作为其生产投入品也获得了显著优势。为在国际市场上竞争，这些企业需要降低成本，而高额关税导致材料价格上涨，削弱了他们的竞争力和盈利能力。另外，制成品贸易每年估计可为每个美国人节约1 000美元，其中1/4都是中国的功劳。[18]

---

[18] 例如，全球飞机机队预计在未来20年将翻一番，为波音等美国主要飞机制造商带来重大发展机遇。但是，铝大约占大多数商用飞机重量的80%，而宣布对美国进口的铝加征关税将对这些公司造成重要的商业影响。另外，中国出口到美国的手机和电脑占出口商品的比例分别高达7%和15%，而这两种出口商品大部分来自美国跨国公司，它们利用中国便宜的生产和组装成本为美国消费者生产廉价商品。

- 美国服务出口的比较优势。货物贸易不平衡只是中美双边贸易的一部分。美国对中国的服务贸易顺差自1999年以来不断扩大，呈倍数增长，而且自2008年开始，其增速明显快于相应的货物贸易逆差（见图B3）。2016年，中国占美国服务出口总额的7%，却仅占美国服务进口总额的3%，中国占美国服务贸易顺差总额的比例也是所有经济体中最大的，达到了15%（见图B4）。随着中国市场继续对外商投资开放，此贸易顺差可能将进一步扩大。

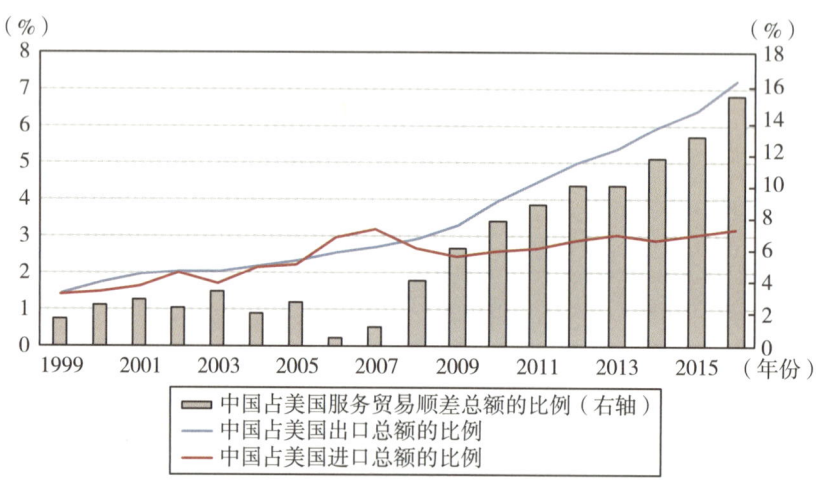

图B3　中国对美国服务贸易的比例

资料来源：美国人口普查局。

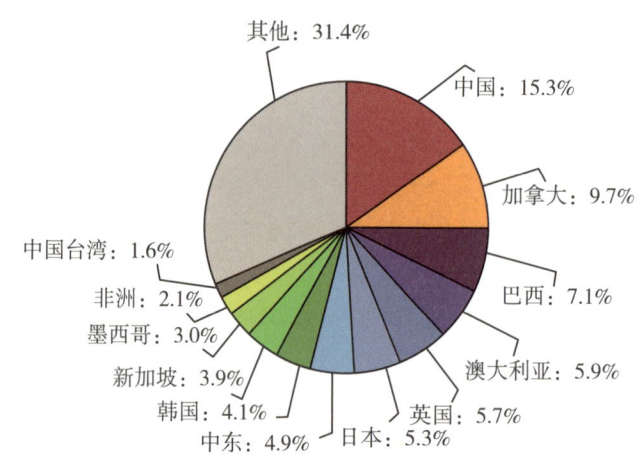

图B4　2016年美国服务贸易顺差结构

资料来源：美国人口普查局。

鉴于中美两国之间以及二者同世界其他地区的相互依存程度提高，任何敌对和持久的贸易战都可能对全球经济造成严重破坏。这可能会通过多种渠道对特定经济体产生影响，特别是：

- 经济增长前景不确定加剧，造成商业信心（以及投资）的初步损失；
- 中国将减少中间品的进口，因为这些中间品被用作投入品进行再生产出口到美国，这将影响其他出口市场，导致对这些国家的出口品需求下降；
- 两大经济巨头的双边贸易大幅下降通过国际贸易与投资的联系以及对全球金融市场的不利影响，给全球其他经济体的需求带来乘数效应，导致全球总需求下降。

鉴于贸易对本区域经济增长的重要性，贸易对东盟与中日韩各成员的冲击尤为明显（见图B5）。

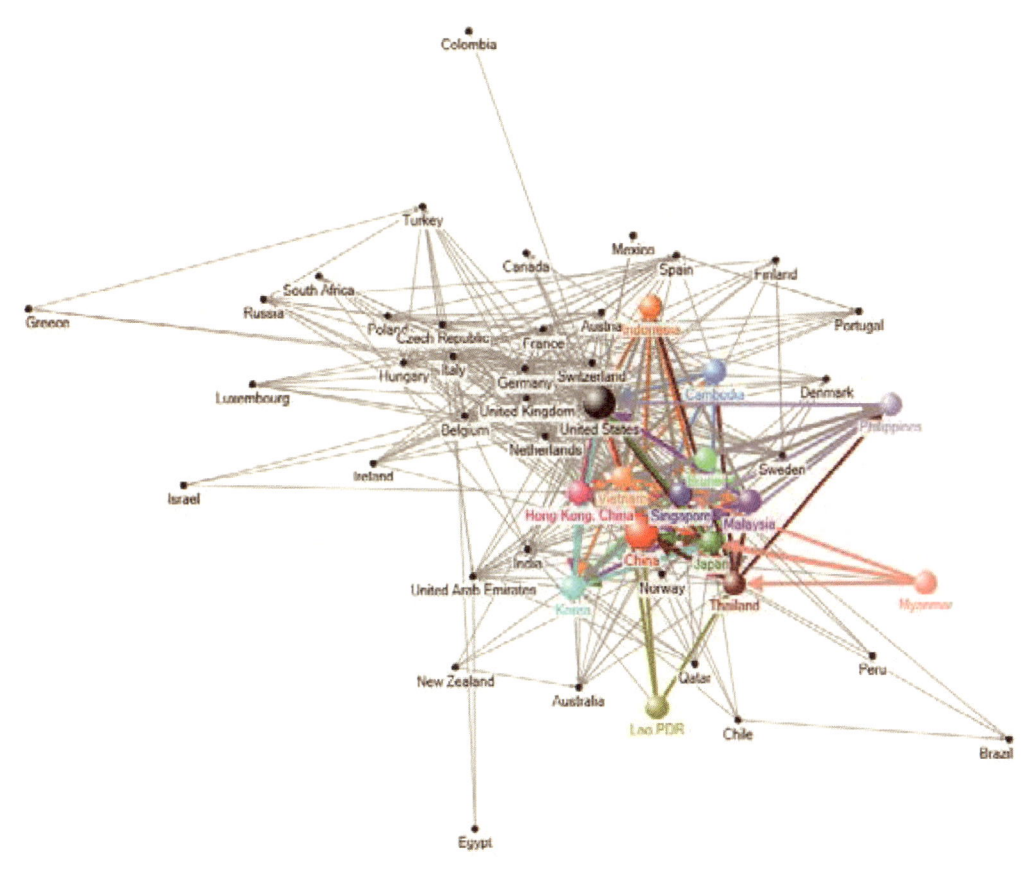

图B5 全球贸易网络（截至2017年12月）

注：图中显示了（就各国出口额占各自GDP的百分比而言）中美两国与其他东亚经济体以及与全球其他经济体之间的贸易关系。顶点和边缘的大小和颜色仅突出这些经济体在全球贸易网络中的"中心地位"。每个箭头的方向指示从一经济体出口到另一经济体。

资料来源：IMF DOTS、IFS和AMRO计算。

经济增长前景的不确定经常加剧市场的风险规避行为。AMRO的全球风险地图（见图1.24）确定了一个主要增长风险——贸易保护主义，2017年1月底以来，此风险凸显，导致投资者抛售手中的资产，亚太地区和欧洲的股市均下跌了约5个百分点（见图B6）。最明显的是，美国股市在此期间的跌幅最大，约为6%。

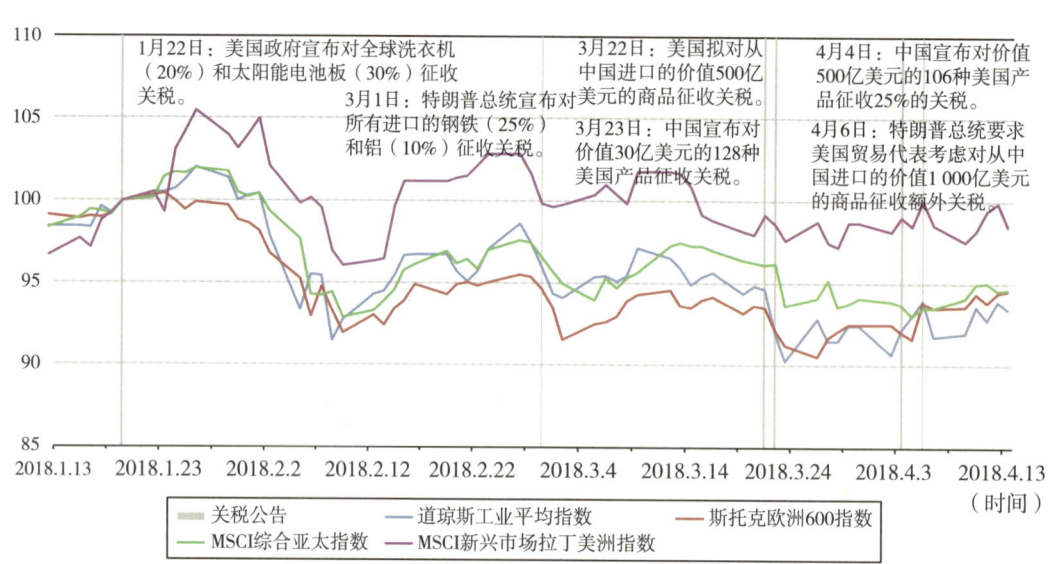

图B6　全球市场：紧张局势升级（纵坐标：2018年1月22日=100）

资料来源：彭博、MSCI、各种财经新闻和AMRO计算。

其他东盟与中日韩成员主要担心的是，他们将不可避免地受到中美贸易战的负面影响。

由于亚洲贸易日益一体化以及美国市场对本区域的重要性，贸易冲突不免影响经济活动。对于受到影响的经济体而言，受影响的程度取决于中美贸易预期损失的绝对规模以及其乘数效应。虽然中国对美国的出口额占其本国GDP的份额较小，美国亦然，但"连带损害"的规模对其他经济体经济增长的影响可能更大（见表B1）。

表B1　贸易全球向量自回归模型分析结果：中美贸易战对部分东亚经济体的预计总体影响[1/2/]

经济体	出口额 美元（十亿） 全球	出口额 美元（十亿） 中国	出口额 美元（十亿） 美国	出口额 总百分比（%） 中国	出口额 总百分比（%） 美国	出口额 占本国GDP的百分比（%） 全球	出口额 占本国GDP的百分比（%） 中国	出口额 占本国GDP的百分比（%） 美国	由1%的中国出口下降带来的冲击 1年	由1%的中国出口下降带来的冲击 3年	由1%的美国出口下降带来的冲击 1年	由1%的美国出口下降带来的冲击 3年	总体冲击 1年	总体冲击 3年
美国	1 545.6	130.4	—	8.4	—	8.0	0.7	—	−0.03	−0.05	−0.05	−0.09	−0.23	−0.39
中国	2 280.1	—	433.7	—	19.0	18.0	—	3.4	−0.03	−0.03	−0.02	−0.02	−0.18	−0.16
发达经济体														
日本	698.1	132.8	135.1	19.0	19.3	14.4	2.7	2.8	−0.03	−0.10	−0.03	−0.02	−0.20	−0.16
韩国	562.0	141.2	68.7	25.1	12.2	36.7	9.2	4.5	~ −0.10	~ −0.80	~ −0.16	~ −0.16	~ −0.77	~ −0.76
新加坡	366.1	53.9	24.3	14.7	6.6	109.4	16.1	7.2						

续表

经济体	出口额							对GDP的预计总体影响					
	美元（十亿）			总百分比（%）		占本国GDP的百分比（%）		增长百分率（%）					
								由1%的中国出口下降带来的冲击		由1%的美国出口下降带来的冲击		总体冲击	
	全球	中国	美国	中国	美国	全球	中国	美国	1年	3年	1年	3年	1年	3年
新兴市场和发展中经济体														
泰国	236.4	29.4	26.5	12.4	11.2	50.0	6.2	5.6	0.00 ~ −0.08	0.01 ~ −0.12	0.01 ~ −0.06	0.02 ~ −0.10	0.02 ~ −0.45	0.20 ~ −0.75*
马来西亚	217.8	27.4	20.5	12.6	9.4	65.4	8.2	6.2						
越南	211.9	30.7	42.7	14.5	20.1	94.9	13.7	19.1						
印度尼西亚	168.5	22.9	17.8	13.6	10.6	16.8	2.3	1.8						
菲律宾	62.8	6.9	9.2	11.0	14.6	19.8	2.2	2.9						
柬埔寨	10.7	0.7	2.3	6.9	21.5	53.4	3.7	11.5						

注：（1）一些成员经济体的数据不完整，未纳入模型分析。（2）假设中国出口额减少1 000亿美元，美国出口额（相应）减少300亿美元。*指出现异常值的经济体；其余经济体在0.2~0.5范围内。

资料来源：国际货币基金组织的贸易方向统计数据库、国际金融统计数据库、各国官方机构、经合组织贸易增加值数据库和AMRO计算。

我们利用AMRO（2017）开发的贸易全球向量自回归模型来估计中美出口震荡带来的溢出效应和反馈效应。[19]期间，我们特别关注在假设情景下的中美两国商品出口的缩减，以及在未来1~3年的相关影响。

• 据报道，特朗普政府表示希望减少1 000亿美元（即约等于中国对美国出口额的1/4或大于中国出口总额的4%）与中国的双边货物贸易逆差，因此我们假设中国对美国的出口额减少1 000亿美元。

• 中国采取"适当"对策导致美国300亿美元（即等于美国对华出口额下降比例或约为美国出口总额的2%）的出口额出现相应幅度的下降。

---

[19] 全球向量自回归模型主要分析溢出效应和反馈效应；具体内容包括特定的经济因子，如工业生产（代表实际GDP）、消费价格、贸易（以本币计算的进出口）、名义有效汇率、利率和一些诸如石油、食品价格的全球变量（有关详细说明，请参阅《2017东亚区域经济展望报告》附录A）。模型估计采用了包括东盟与中日韩各成员和美国在内的33个经济体自2001年以来的月度数据。

分析结果再次证实了历史经验教训,即贸易战中没有赢家。[20]结果还说明了几个关键问题:

- 中美两国都会受到负面影响。假设在冲击的第一年,中美两国的经济增长率都会降低约0.2个百分点,损失相当,这意味着美国受到的影响相对更大。对美国的影响将更为持久,表现为经济增长率在3年内再降0.2个百分点。尽管假设中国出口的下降幅度更大,该结果可能与直观认识不一致,但美国经济更为开放,因此受到来自其他贸易伙伴的贸易和金融业务所受影响而产生的反馈效应可能性更大。此外,中国(由于拥有很大的政策空间)一直以来都能利用经济稳定器有效缓解冲击。

- 全球化导致了对其他经济体产生更大的溢出效应和反馈效应。两大经济巨头任何需求冲击的结果都将影响全世界。与美国出口相比,中国出口的大幅下降对东盟与中日韩各成员经济增长的影响略大——除了出口市场多元化的经济体之外,该事件对本地区主要具有负面影响。假定中美出口的一次性冲击,对本地区各成员的短期内影响较大,对大多数经济体而言,任何余波基本都会在第三年消散。就东亚的发达经济体而言,负面影响将表现为–0.2%~–0.8%的增长率,而就新兴市场经济体而言,预计第一年的影响将表现为0%~0.5%的增长率。[21]

显然,中美之间贸易战持续和升级的时间越长,对全球经济增长的损害就越大。如果其他经济体或地区被迫加入贸易冲突,情况还会恶化。历史上最典型的是20世纪30年代美国《斯姆特—霍利关税法》引发的贸易战,普遍认为其加剧并延长了大萧条。这场贸易战给西方国家的政治留下了不可磨灭的印记,进而诞生了《关税与贸易总协定》和世界贸易组织以及在过去70年支撑全球贸易政策的基于规则的多边贸易体系。鉴于近些年全球化明显增强了国际贸易和金融一体化,如今大规模贸易战的任何影响在范围和强度上肯定都会被放大。因此,为维护全球利益,我们应该通过既定多边体系而非单边行动解决贸易争端。

---

[20] Bouet, A. & Laborde, D.,《21世纪美国与新兴国家的贸易战——美国及其贸易伙伴的又一次失败》,2017年。第01669号IFPRI讨论文件,华盛顿特区国际食物政策研究所。

[21] 欧洲央行的模拟表明,加征关税可能导致全球货物贸易在第一年收缩3%,全球经济增长收缩1%(Coeure, B.(2018),"经济和金融展望"研讨会,第29届,Villa d'Este, Cernobbio,2018年4月6日~7日)。

专栏C

东亚的自然灾害和气候变化：影响与风险

气候变化是全球性风险，自然灾害的发生率和严重程度越来越高，给经济体造成了更为严重和意想不到的冲击。本专栏着眼于本区域自然灾害对经济增长和财政状况等因素的影响，以及建立足够的经济缓冲来吸收经济冲击的重要性。

洪水、干旱、风暴和地震是本区域最普遍的自然灾害（见图C1），洪水和风暴造成的经济损失约占过去15年自然灾害带来的经济损失总额的74%（见图C2）。根据联合国亚洲及太平洋经济社会委员会的估计，1990~2016年间，本区域自然灾害累计造成超过1万亿美元的经济损失，或者说，平均每年占区域GDP的0.4%（375亿美元）。

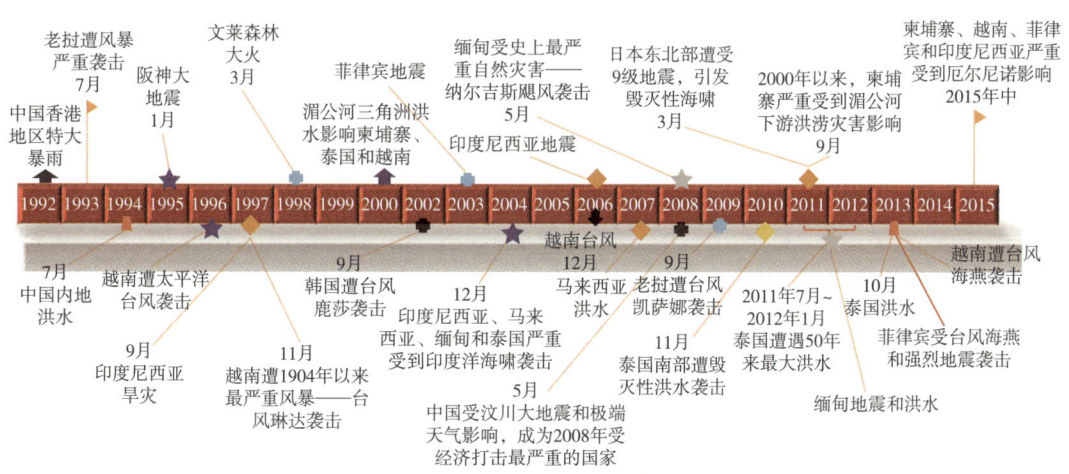

图C1 东亚地区重大灾害事件（1990~2015年）

资料来源：地球天文台、紧急灾难数据库、事实与细节、亚洲基金会、联合国人道主义事务协调厅、全球救援网、中国香港地区天文台、《电讯报》、路透社和国际减灾战略。

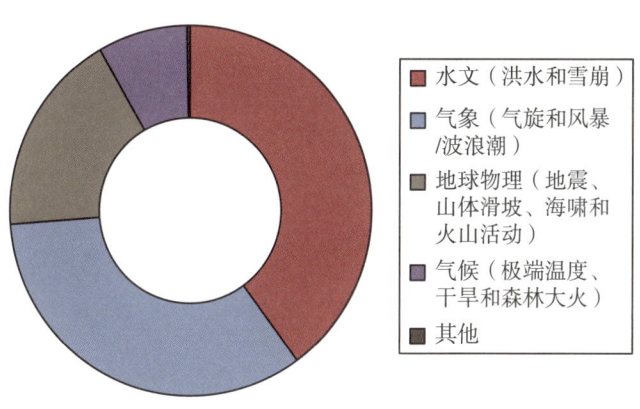

图C2 1990~2016年间东亚地区各类灾害累积比例（%）

资料来源：联合国亚洲及太平洋经济社会委员会。

尽管自然灾害可能给本区域以农业为基础的低收入经济体造成更为严重且持久的破坏，但任何经济体都无法免受这些灾害的影响。在老挝和缅甸，一种自然灾害造成的经济损失就超过当年GDP的10%。泰国也一样，2011年洪水（有史以来最严重的洪水）造成的损失估计占到了GDP的12.6%（见图C3）。在日本，2011年东部大地震及其引发的海啸造成的经济损失估计为GDP的3.4%。而在中国，汶川大地震和极端天气造成的损失估计占当年GDP的2.4%，使中国成为2008年本区域受经济损失影响最大的经济体。

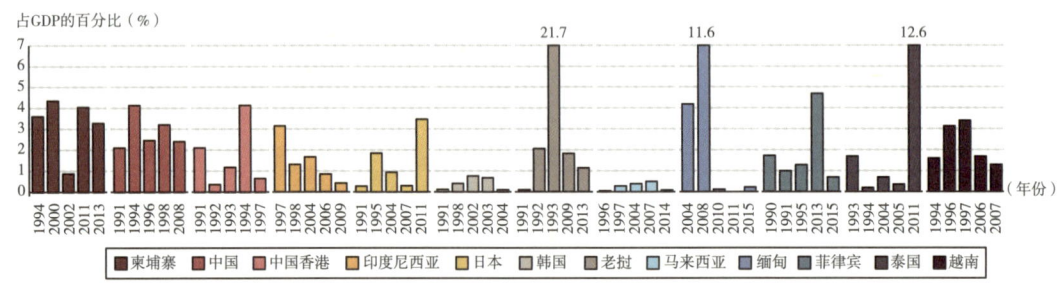

图C3　经济总损失巨大（灾害当年，部分经济体）

注：该图显示各经济体前五大灾害事件造成的经济损失占GDP的百分比。
资料来源：联合国亚太经社会、世界银行、各经济体官方机构和AMRO计算。

自然灾害通过对农业、工业生产、基础设施和住房造成即时直接的破坏而影响实体经济。经济影响覆盖农业、工业和服务业（见图C4），通过减少商品出口和旅游收入进一步恶化经常账户状况。农业比重较大的经济体经济增长会受到直接影响。例如，农业约占柬埔寨2011年GDP的35%，当年农业生产受洪水影响而有所下降（见图C5）。柬埔寨2005~2014年农业生产的十年平均增长率为5.1%，而2015年厄尔尼诺现象引发的旱灾导致其农业生产几乎呈零增长（0.2%）。同样，2013年菲律宾农业遭到台风海燕的大范围破坏，造成约2.25亿美元经济损失以及大量人员伤亡。

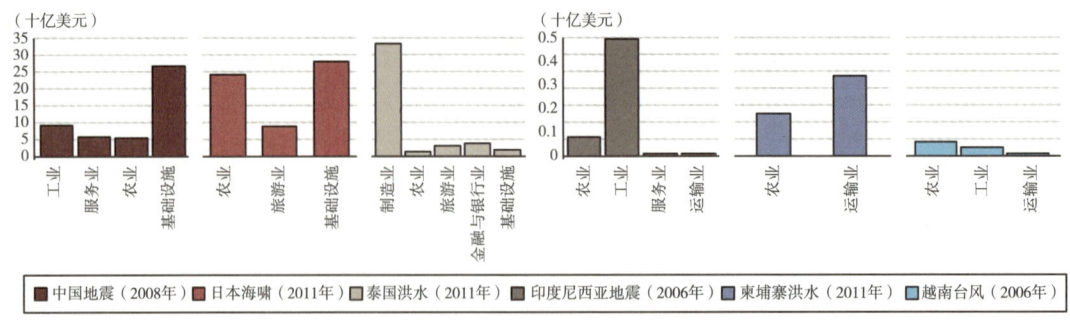

图C4　灾害与损失（部分受影响年份和行业）

资料来源：亚洲开发银行、世界银行、《华尔街日报》和IMF IFS汇率。

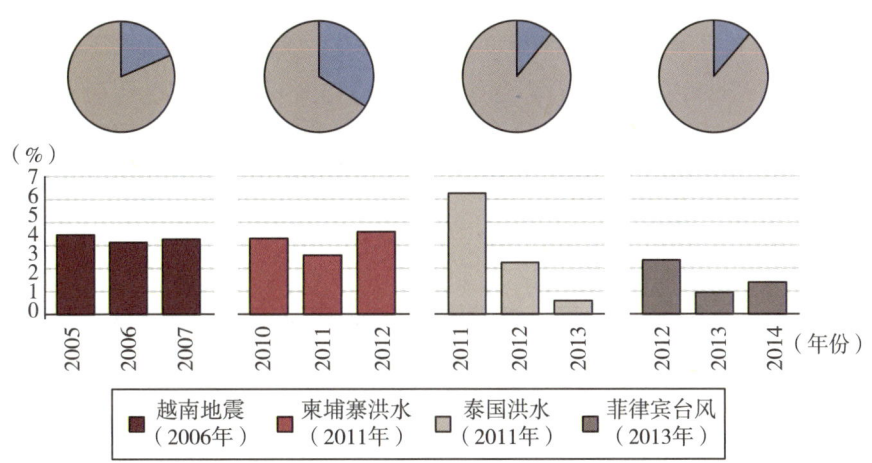

图C5 农业增长率和比例（部分受影响年份和经济体）

注：饼状图表示农业占GDP的平均比例。
资料来源：各国官方机构、世界银行。

自然灾害给工业生产能力造成的经济损失和影响范围更广，时间更长。2011年，泰国洪灾导致其制造业损失约达330亿美元，占各行业估计总损失的大部分（70%）（见图C6）。[22]泰国服务业方面，仅旅游业的损失估计就达到30亿美元，其中与旅游有关的交通、住宿、饮食、购物和娱乐等都遭受了重大损失。

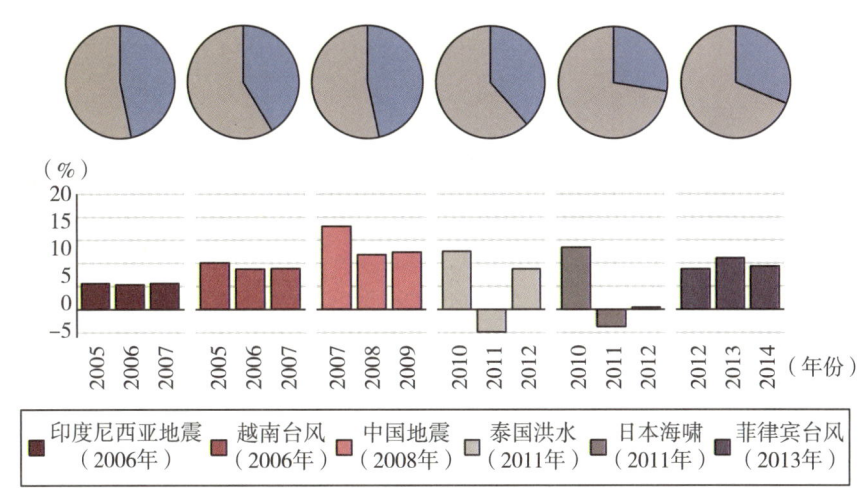

图C6 工业增长率和比例（部分受影响年份和经济体）

注：饼状图表示工业占GDP的平均比例。
资料来源：各国官方机构、世界银行。

---

[22] 世界银行：《2011年泰国洪灾：韧性恢复和重建计划的快速评估》，2012年。

财政方面，一旦自然灾害导致收入下降，未列入预算的赈灾和重建开支就会给财政状况造成显著的不利影响。例如，即使泰国政府2011年财政收入大幅下降（见图C8），政府也不得不拨出130亿美元或GDP的3.5%用于基础设施的灾后重建和水资源管理（见图C7）。结果导致财政赤字占GDP的比重从2010年的0.7%增至2011年的2.5%。

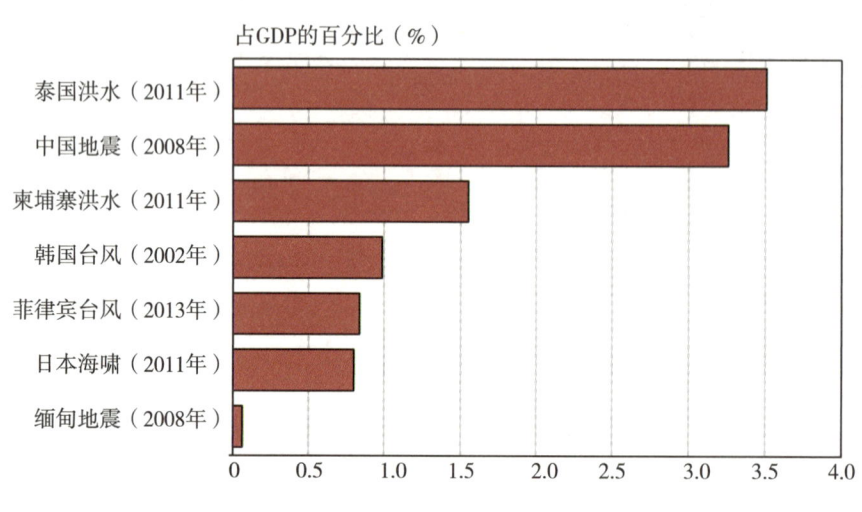

图C7 经济体灾后重建预算

资料来源：CNN、路透社、世界银行、中国—东盟中心、《卫报》和全球救援网。

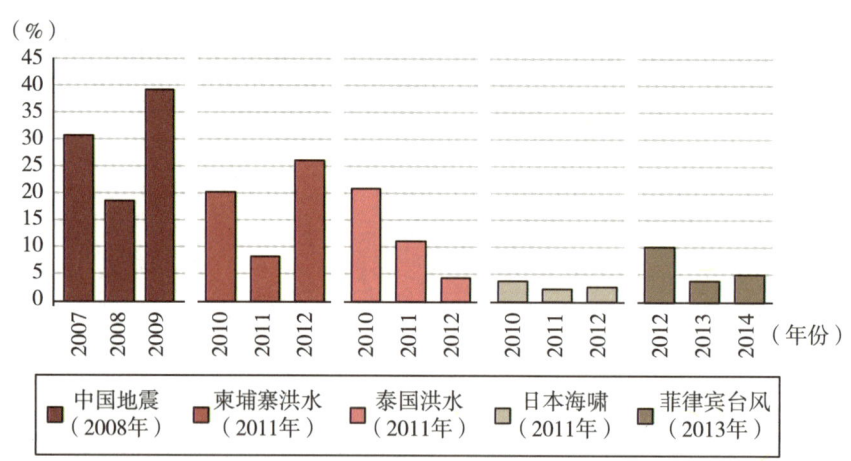

图C8 经济体内税收增长率（部分受影响经济体和年份）

资料来源：各经济体官方机构。

在政策制定方面，各经济体应通过投资抵御气候变化的基础设施、开展多元经济活动、加强区域一体化以提高东亚地区的整体韧性，从而建立长期的抗灾韧性。就依赖农业的经济体而言，政府应投资抵御气候变化的基础设施以减轻自然灾害的影响，并采取工业和服务业的经济多元化战略。地理开发多样化，即在同一经济体内不同地区分布产业集群也可隔离并最大限度削弱灾害的影响。就这一点而言，通过东亚经济体之间的基础设施联系不断加强区域一体化可提高本区域对抗冲击的整体韧性。一个地区的生产暂时受气候变化事件的影响，而另一地区继续生产，从而促进多个地区互补性生产基地的发展。

同时，经济体应分配必要的预算来提高基础设施质量，积极管理灾害风险；随着不断上升的气候变化事件发生率和严重性，维持社会安全网和重建开支的财政缓冲。[23] 周期性上升期间建立的缓冲可用于提高基础设施质量，削弱自然灾害的影响，还可用于缓冲气候变化事件造成的意外支出。

产业战略方面，环境可持续性应该是一个重要考量因素，这就要求开展区域跨境合作。为实现经济的可持续发展，本区域尤其应该通过持续投资可持续发展和区域跨境合作，以及将减缓气候变化的措施纳入经济体发展政策，实现经济增长和环境可持续性之间的平衡。

二、区域经济展望与评估

> 区域经济增长仍然强劲，这是由于在扩张性宏观经济政策支持下，经济体内需求持续增长，以及由全球贸易上行周期带来强劲推动力。资本流入大多数区域经济体（尤其是流入债券市场），这些资本流入较有持续性，融资环境依然有利。虽然最近贸易保护主义风险加大，金融状况趋紧，但近期内仍有望保持乐观前景。

受益于全球经济的有利环境、扩张性的宏观经济政策对内需的支持，加上出口的强劲推动，区域经济持续增长。经济体需求方面，由于劳动力市场日益改善，大宗商品价格上涨，提高了出口商收益，由于部分经济体的家庭债务一定程度上有所减少，私人消费依然保持韧性。

投资方面，鉴于部分区域经济体目前正在实施公共基础设施项目，投资前景仍然乐观。[24] 出口恢复提高了制造业的产能利用率，进而为投资注入额外动力，因此，出口复苏预计将推动私人投资。

经济体内需求不断增强，近期出口前景乐观，2018~2019年区域经济增长率预计将保持在5%左右的水平，同时通货膨胀率预计将基本稳定在2%左右的水平（见

---

[23] 尤其是对东南亚地区而言，如果不采取措施应对气候变化问题，到2100年，气候变化引发的经济损失可能会使该地区的GDP下降11个百分点。参见Raitzer, D. A., Bosello, F., Tavoni, M., Orecchia, C., Marangoni, G., & Samson, J. N. G.，《东南亚与全球气候稳定经济学》，亚洲开发银行，2015年。

[24] 在泰国等部分经济体，大型基础设施项目的启动预计将为未来的经济增长添加动力。

表2.1)。大多数区域经济体正处于经济周期的中期,增长趋势方面的产出缺口较小。一些经济体正处于经济周期的后期,出现通货膨胀和外部失衡的迹象。AMRO预测本区域2018年和2019年的基准增长率分别为5.4%和5.2%。但是,本区域2018年和2019年的总体通货膨胀率预计将基本稳定在2.1%和2.0%。核心通货膨胀率相当稳定。

表2.1　AMRO预计的GDP增长率和通货膨胀率(2018~2019年)

	(a)实际GDP增长率(年同比,%)			(b)总体通货膨胀率(年同比,%)		
	2017年	2018年p	2019年p	2017年	2018年p	2019年p
东亚地区	5.6	5.4	5.2	1.8	2.1	2.0
文莱	0.6	1.6	3.4	-0.2	0.2	0.4
柬埔寨	6.9	6.8	6.8	2.9	3.2	3.4
中国	6.9	6.6	6.4	1.6	2.0	1.8
中国香港	3.8	3.4	3.0	1.5	2.1	2.3
印度尼西亚	5.1	5.2	5.3	3.8	4.0	4.0
日本	1.8	1.3	0.7	0.7	0.8	0.9
韩国	3.1	2.9	2.8	1.9	1.9	2.0
老挝	6.8	6.8	7.1	0.8	2.1	2.5
马来西亚	5.9	5.3	5.0	3.7	2.4	2.6
缅甸	5.9	7.0	7.4	6.8	3.9	4.5
菲律宾	6.6	6.8	6.9	3.2	4.3	3.3
新加坡	3.6	3.0	2.8	0.6	1.2	1.8
泰国	3.9	3.9	3.7	0.7	1.0	1.6
越南	6.8	6.6	6.6	3.5	3.4	3.5

注:p/预测。日本和缅甸2017年和2018年的实际GDP数据分别参考2018年和2019年3月财年结束时的数据。针对2017年数据尚无法获得的经济体,其数据参考AMRO的估计值。

资料来源:各经济体官方机构、AMRO。

专栏D

东亚经济体经济周期和信贷周期简介

本专栏主要分析东盟与中日韩各成员目前处于经济周期和信贷（或金融）周期的阶段，[25]目的在于概览区域宏观金融发展，通过此分析，我们可以：（1）开展更多的区域内具有一致性和可比性的跨经济体评估；（2）改进对各成员经济体之间经济体内风险和溢出风险的分析；（3）在讨论成员经济体当前政策环境以及提出未来发展方向建议等方面提高透明度。

虽然信贷周期和经济周期是两种不同现象，但它们联系密切，需要同时加以考虑。正如Borio（2012年）所说，没有信贷周期的宏观经济学就如同"没有王子的哈姆雷特"——失去主角的戏。[26]实证分析表明，自20世纪80年代中期以来信贷周期拉长了，幅度增加了，其时间远长于传统的经济周期（Drehmann，Borio and Tsatsaronis，2012年）。[27]尽管信贷周期的收缩期往往持续数年，而经济周期的下行阶段更短，但二者同时发生就会明显扩大对经济活动的负面影响。

AMRO运用被广泛应用的方法来构建东亚经济体的经济周期和信贷周期。根据惯例，为简单起见，同时考虑到一些成员经济体的数据缺失问题，我们采用了以实际GDP为代表变量的单变量方法来构建经济周期。[28]另外采用了Drehmann，Borio和Tsatsarionis（2012年）基于频率的过滤方法，通过汇总实际信贷增长、实际房价（在可获取的情况下）和信贷占GDP的比例来构建信贷周期。[29]典型经济周期和信贷周期及其各阶段见图D1和图D2。

需要强调的是，政策制定者应利用可用的工具，确保各周期阶段或时期的平稳过渡。及时采取适当的宏观政策措施有助于减少经济和金融波动。例如，处于经济周期后期的经济体如果能够采取"软着陆"，则可避免陷入经济衰退。同样地，采取协调一致的宏观审慎政策措施以遏制金融脆弱性的积累，并加强金融监管以确保金融机构的完整性，则可防止造成大幅信用紧缩的危机产生。

---

[25] 欧盟委员会和经合组织发展中心均针对欧洲和亚洲新兴经济体发布了经济周期指标定期报告（参阅欧盟委员会的欧洲经济周期指标（多期）；经合组织发展中心的亚洲经济周期指标（多期），亚洲开发银行也出版了对亚洲经济周期的评估报告（参阅亚洲开发银行的"衡量亚洲的经济周期"，《2017年亚洲发展展望》更新版，2017年9月）。

[26] Borio，Claudio，《金融周期和宏观经济学：我们学到了什么？》，国际清算银行工作论文，2012年，第395号，国际清算银行，巴塞尔。

[27] Drehmann，Mathias、Claudio Borio和Kostas Tsatsaronis，《金融周期的特征：不要忽略中期因素！》，国际清算银行工作论文，2012年，第380号，国际清算银行，巴塞尔。

[28] 例如，美国国家经济研究局（NBER）在估计美国经济周期时考虑了一系列指标。

[29] Drehmann、Borio和Tsatsaronis（2012）提供了一份关于经济周期、金融周期以及二者相互作用的完整参考文献列表。

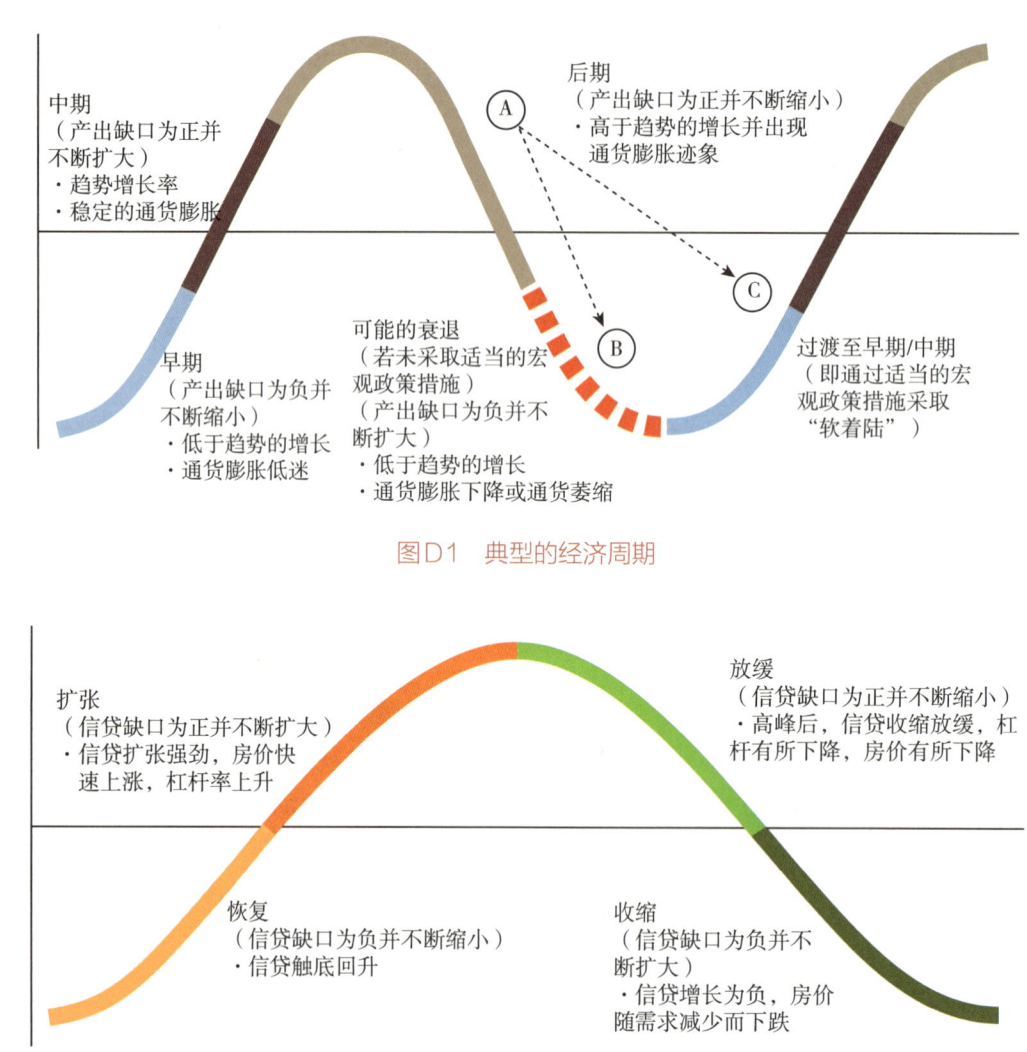

图D1 典型的经济周期

图D2 典型的信贷周期

根据对东亚经济体经济周期和信贷周期的分析可知（见专栏D），大多数区域经济体都处于经济周期中期，表现为经济增长回暖或接近长期趋势，产出缺口接近零，通货膨胀在政策目标范围内或接近长期趋势。对一些经济体，尤其是文莱、印度尼西亚和缅甸的大宗商品出口商而言，旺盛的全球需求加上能源价格上涨有助于他们过渡到经济周期的早期，即经济持续增长而产出缺口保持为负，且通货膨胀受到抑制或低于长期趋势。韩国、新加坡和中国香港等贸易依赖型经济体的经济增长受益于全球贸易的周期性复苏，而一些东盟新兴经济体也因出口增长呈现出强劲的经济发展势头（见表2.2）。

表 2.2　　　　　　　　　　　经济周期和信贷周期中的东亚经济体

		信贷周期			
		恢复	扩张	放缓	收缩
经济周期	早期	文莱、印度尼西亚		缅甸	
	中期	泰国	中国香港、越南	柬埔寨、中国、韩国、老挝、马来西亚、新加坡	
	后期			日本、菲律宾	
	衰退				

在日本和菲律宾等经济体，近期的经济增长已超过潜在增长率或已强势回升，产出缺口为正并不断扩大，且出现通货膨胀压力或国际收支失衡迹象。在适当的宏观政策环境下（参见第三部分有关政策建议的讨论），处于经济周期后期的经济体可直接过渡到早期恢复阶段或中期，而无须经历衰退阶段（见专栏D）。本部分稍后将对信贷周期展开讨论。

国际收支方面，由于出口表现强劲，区域经济体的经常账户自2017年以来普遍改善，而对大宗商品出口商而言，经常账户也受到全球大宗商品价格上涨的支持。区域出口表现良好，反映出制造业出口强劲反弹，石油和工业用金属（如铜、铝和钢）价格回升，有益于部分区域大宗商品出口商。对依赖农业的区域经济体而言，制造业出口反弹有助于缓解相对低迷的农产品价格。预计本区域2018~2019年经常账户盈余将保持相对稳定，其中东盟四国和文莱2018~2019年经常账户盈余将稳定在约占GDP的3%，柬埔寨、老挝、缅甸和越南的经常账户赤字总额将从占GDP的5.1%（2018年）减少到4.4%（2019年），中国、日本、韩国、中国香港和新加坡将继续保持强劲的经常账户（约占GDP的6%）（见图2.1）。

外部需求的改善使本区域得以建立缓冲空间，进一步应对潜在的外部冲击（见图2.2）。鉴于外资大量参与区域性国内金融市场，在市场避险情绪高涨的情况下，持有当地货币资产的外资可能迅速平仓，加剧资本外流，可能会给汇率造成较大的下行压力，这也可能同时伴随着外汇储备大幅下降（由于政府干预以缓解对汇率的影响）。但区域经济体汇率政策近年来变得更加灵活，使得汇率发挥了缓冲作用。同时政府的选择性干预，也有效缓和了汇率变化的幅度及其对实体经济的影响。

如全球风险地图所示，由贸易保护主义引发的关键短期不确定性因素可能会对出口构成压力。如前所述，强劲的出口带动了一些区域经济体的经济增长。随着科技行业的回暖，制造业推动了出口增长，有利于本区域的发展（见图2.3）。美国和欧洲作为主要增长动力，全球半导体销售等技术行业指标显示出全球贸易将继续保持强劲的势头。

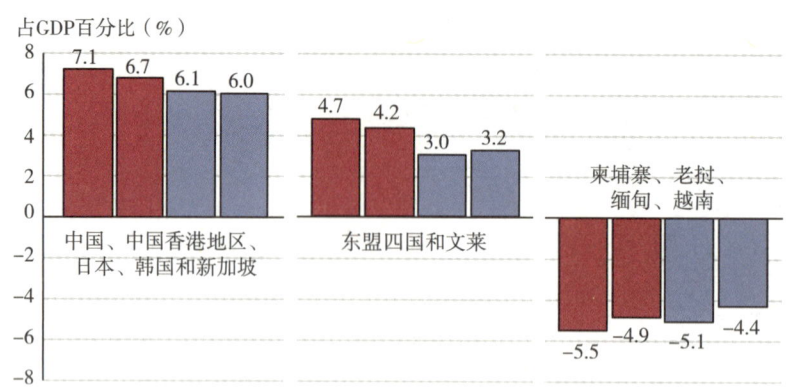

图2.1 新兴和发展中东盟经济体的经常账户将得到改善

注：e/估计；p/预测。
资料来源：各经济体官方机构、AMRO计算。

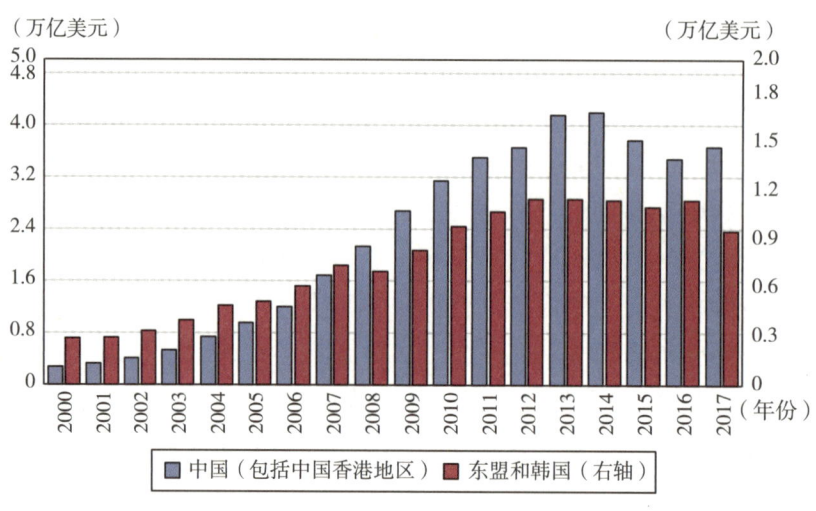

图2.2 本区域的外汇储备和灵活的汇率制度有助于缓冲资本流动带来的影响

资料来源：各经济体官方机构。

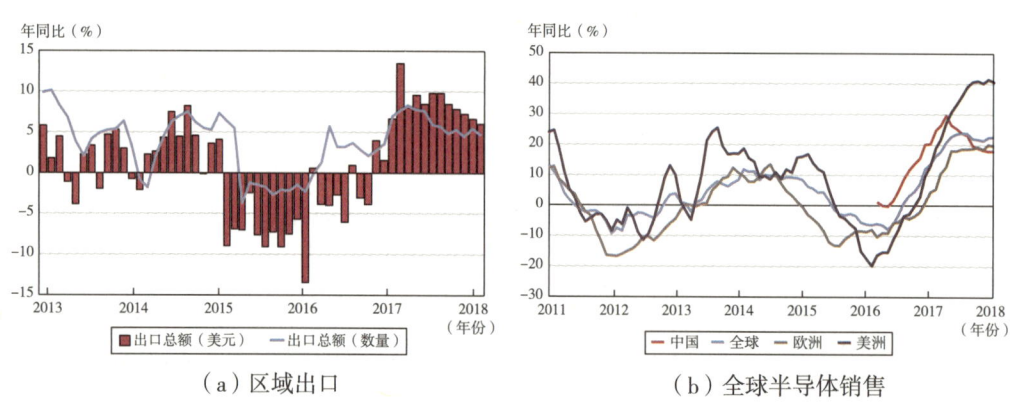

(a) 区域出口　　(b) 全球半导体销售

图2.3 随着高科技行业的回暖，区域出口增加

资料来源：各经济体官方机构、AMRO计算、半导体产业协会。

如果美国的贸易保护主义立场保持强硬、贸易紧张局势持续升级，那么可能阻碍全球贸易复苏。虽然美国已开始对部分产品（如太阳能电池板、洗衣机、钢铁和铝）征收惩罚性关税，但到目前为止，此举对本区域的影响相对温和；此外，虽然部分受影响的欧洲国家已扬言将采取报复措施，但尚未回击。然而，2017年美国货物贸易逆差扩大（近年来最大比例，即为GDP的-4%）可能促使美国政府对其他产品或目标国家采取进一步措施（见图2.4）。本区域部分国家（中国、日本、韩国、马来西亚和越南）是美国货物贸易逆差的主要贸易伙伴，因此也更容易受到贸易保护主义措施的影响（见图2.5）。

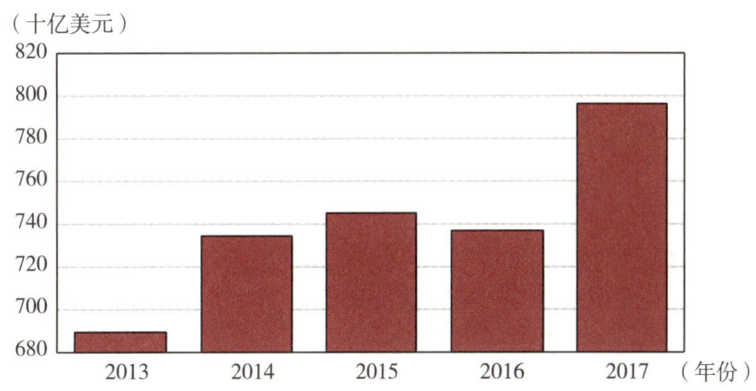

图2.4 美国货物贸易逆差近年来增速最快

资料来源：美国人口普查局。

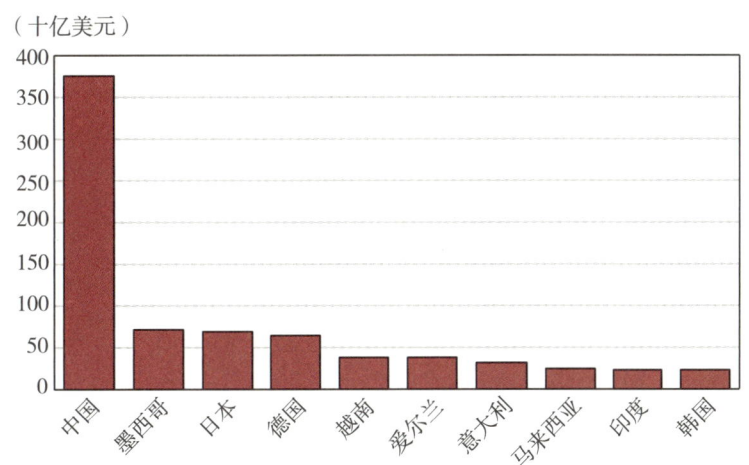

图2.5 中国、日本和越南是美国贸易逆差的三大来源国（2017年）

资料来源：美国人口普查局。

鉴于贸易开放性以及通过本区域供应链形成的广泛贸易联系，贸易摩擦可能会对本区域的出口产生重大影响。如上所述，美国贸易保护主义倾向在2018年年初变得更加强硬，分别对洗衣机和太阳能电池板征收20%和30%的全球关税，[30] 3月份又分别对钢铁和铝分别征收25%和10%的关税。[31] 考虑到本区域主要出口国（如韩国和日本）牵扯其中，就业等方面可能会受到实质影响。同样地，美国对钢铁和铝进口征收关税预计将影响包括本区域部分经济体在内的一系列经济体（见图2.6）。在北美自由贸易协定方面，由于其他非贸易领域取得了显著进展（如对反腐措施的规定），预计2018年美国不会退出。但是，美国引发的钢铁和铝关税问题增加了谈判过程的复杂性。虽然近期影响尚待观察，但贸易摩擦升级的影响无疑是负面的，区域内一些经济体的经济增长模型立足于全球供应链，这些经济体将因此面临长期的下行风险。如图2.7所示，北美自由贸易协定国家是区域经济体的主要最终需求目的地，而这些区域经济体将受到北美自由贸易协定谈判结果的显著影响。

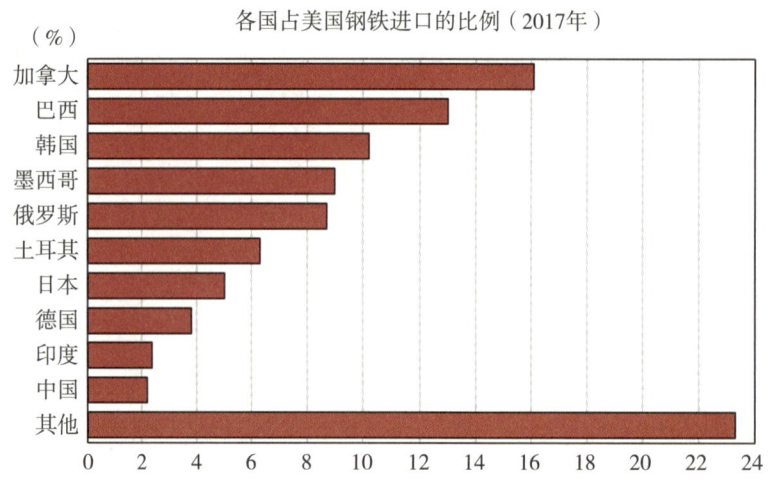

图2.6　北美自由贸易协定国家受到的影响最大

资料来源：美国商务部国际贸易管理局。

《全面进步跨太平洋伙伴关系协定》至少可部分缓解美国贸易保护主义对本区域的威胁，并传递出其成员承诺自由贸易和贸易自由化以及反对日益上涨的贸易保护主义情绪的重要信号。《全面进步跨太平洋伙伴关系协定》将形成约束性承诺，以降低关税并消除新的非关税壁垒，从而减轻贸易保护主义威胁日益加剧带来的负面影响。

---

[30] 美国对第一年进口的前120万台大型进口洗衣机征收20%的关税，对附加进口征收50%的关税。第三年，关税分别降至16%和40%。太阳能电池方面，第一年将对进口太阳能电池和模块征收30%的关税，第四年降至15%。此外，2.5千兆瓦的未组装太阳能电池每年免征关税。

[31] 由于外国制造商将生产从一国转移到另一国，进而规避进口关税，因此，此前抑制进口的举措——针对具体经济体的反倾销税和反补贴税未能解决进口激增问题。

东盟自全球金融危机以来的经验表明,深化贸易和经济合作在协调贸易规则以及遏制其他非关税壁垒的步伐方面发挥了有效作用。由于外商对此贸易协定的预期,部分区域经济体(如越南)在外国直接投资流入方面已受到裨益,见专栏E全新贸易协定——《全面进步跨太平洋伙伴关系协定》(CPTPP)。

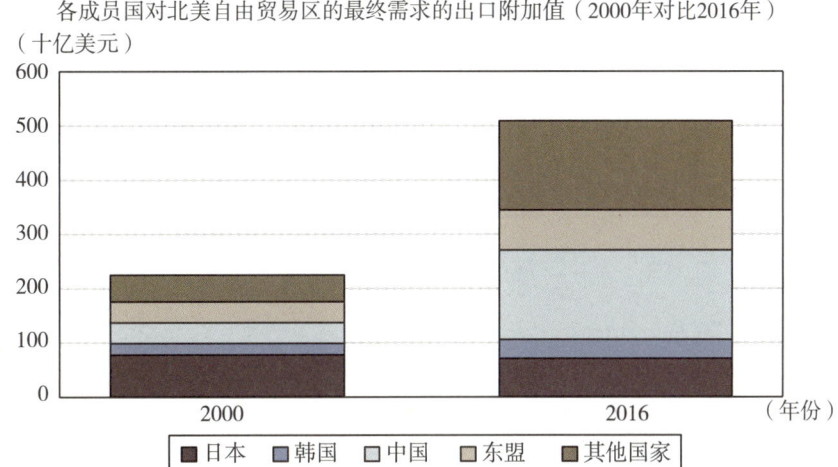

图2.7 北美自由贸易区是本区域经济体的主要贸易伙伴

资料来源:经合组织、AMRO计算。

专栏E

全新贸易协定——《全面进步跨太平洋伙伴关系协定》(CPTPP)

背景

受2017年11月美国退出《跨太平洋伙伴关系协定》的影响,该协定其余11个成员同意修改原始协定[32]并予以实施。鉴于美国经济规模大及其对国际贸易的重要性,美国退出《跨太平洋伙伴关系协定》是一大挫折,但新协议(《全面进步跨太平洋伙伴关系协定》)的产生却仍是其余11个成员取得的重大成就。根据Petri等人(2017年)的说法,美国的退出对某些方面起到不良作用,但又在其他方面加强了亚太区域一体化的理论基础。图E1显示了亚太区域的主要贸易协定。

---

[32] 虽然《跨太平洋伙伴关系协定》原始版本的大部分内容未改变,各方有关实现商品、服务、采购和投资自由的承诺也未变,但《全面进步跨太平洋伙伴关系协定》"冻结"了20项《跨太平洋伙伴关系协定》条款,反映了其余成员国的顾虑。除非各方一致同意,否则《全面进步跨太平洋伙伴关系协定》各方不会执行这些条款。搁置的条款虽然重要,但不构成《跨太平洋伙伴关系全面进步协定》的主要内容。由于11个缔约方的利益和经济发展水平各异,更值得注意的是《全面进步跨太平洋伙伴关系协定》中原始《跨太平洋伙伴关系协定》未改变(或仅稍作改动)的比重大(Goldman, Kronby and Webster, 2017)。

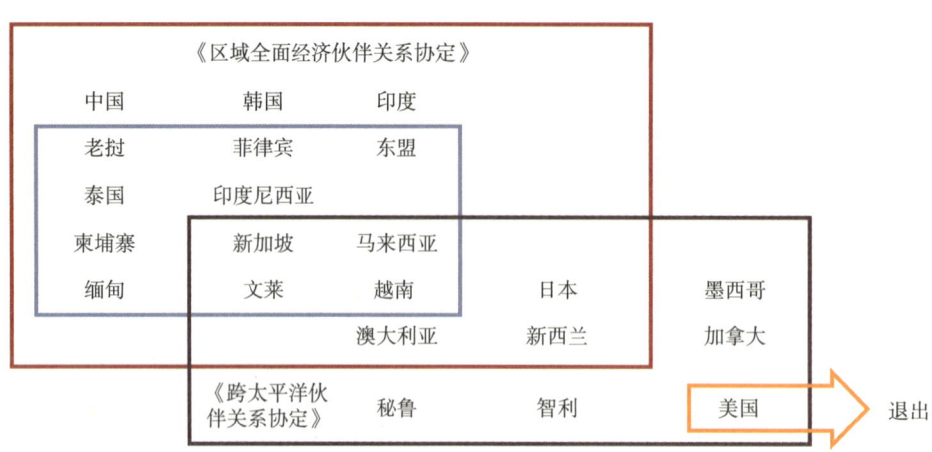

图 E1 亚太区域主要贸易协定框架

资料来源：改编自 The Journal（journal.accj.or.jp）。

《全面进步跨太平洋伙伴关系协定》的效益

《全面进步跨太平洋伙伴关系协定》是一项目的明确的贸易协定，旨在实现高度自由化和一体化，程度比此前各方签署的《自由贸易协定》更为深入广泛。《全面进步跨太平洋伙伴关系协定》作为一项贸易协定，规定了地区内政府采购、环境和劳动条件以及防治腐败等方面的标准，降低或消除了关税和非关税壁垒，比当前的《自由贸易协定》更加完善，因此人们认为它将改变"游戏规则"。《全面进步跨太平洋伙伴关系协定》签署国相互开放商品、服务和投资领域，可扩大市场准入并促进区域供应链、劳动分工、经济规模和技术升级的发展。虽然这些效益在协议实施的早期阶段不明显，但预计所有《全面进步跨太平洋伙伴关系协定》成员方的GDP、出口和外国直接投资都会增加，到2030年将实现相当可观的增长——GDP和出口的累计增长率将分别超越基准1.5%和4%[33]［Petri等人（2017年）和世界银行（2016年）］（见图E2）。

---

[33] 采用可计算的一般均衡（CGE）模型来估算CPTPP的预计效益，该模型使用来自29个地区的19个行业的数据进行模拟。该模型考虑了相关经济体的经济结构——人口、资本存量、工资、价格水平和贸易模式，以及它们对CPTPP带来的关税和非关税壁垒的变化的反应。

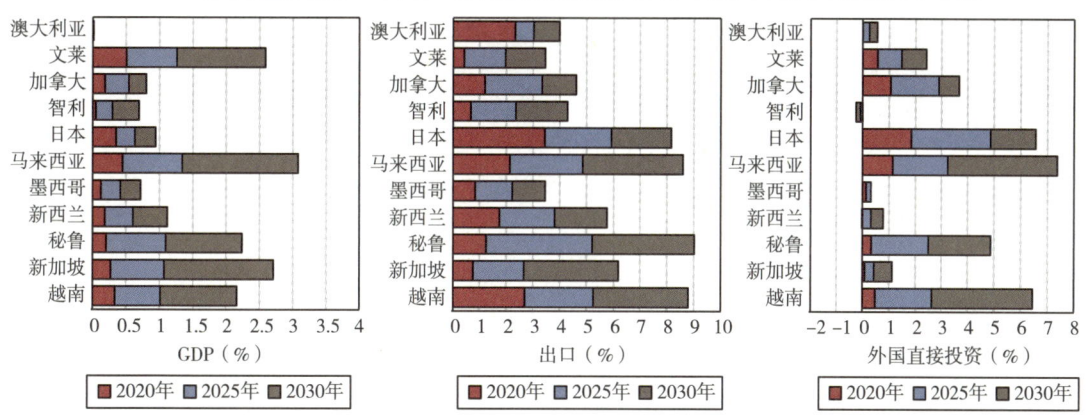

图E2 《全面进步跨太平洋伙伴关系协定》的效益起初不明显，但在后期快速提高

资料来源：Petri, P. A., Plummer, M. G., Urata, S., & Zhai, F.（2017）.Going It Alone in the Asia-Pacific: Regional Trade Agreements Without the United States.

签署《全面进步跨太平洋伙伴关系协定》至少可部分缓解美国贸易保护主义对本区域的威胁。《全面进步跨太平洋伙伴关系协定》将形成约束性承诺，以降低关税并遏制新的非关税壁垒，从而减轻贸易保护主义威胁日益加剧带来的负面影响。虽然本地区关税税率已经接近零下限（见图E3），进一步减让关税导致关税税率效果有限，但通过维持高标准的贸易规则并废除阻碍贸易的低标准仍可取得大量收益。

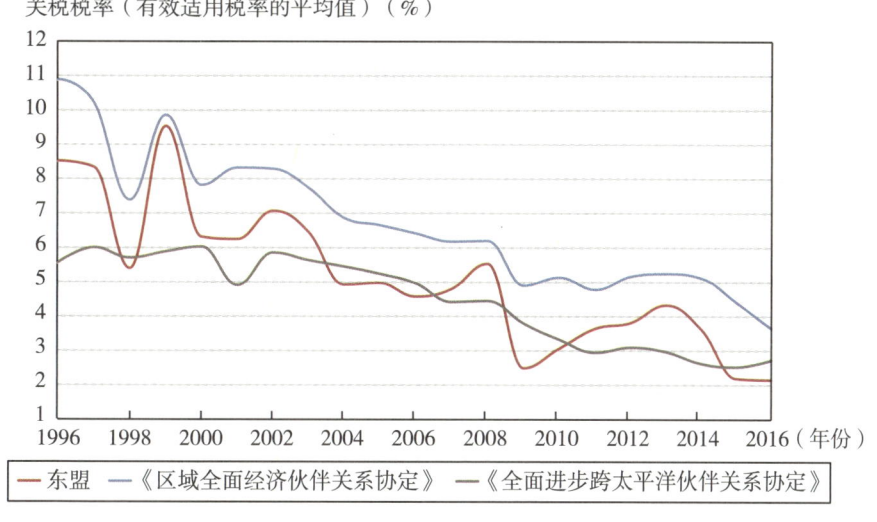

图E3 关税税率（有效适用税率的平均值）呈下降趋势

资料来源：世界整合贸易解决方案数据库（WITS）、世界贸易组织一体化数据库。

与东盟经济共同体类似，《全面进步跨太平洋伙伴关系协定》的贸易规则旨在通过加强规则设计，实施过程中的制衡、透明度和规则一致性，这样，协议将保护消费者并促进贸易发展。例如，所有成员方需要通过同一个机构公开所有有关进口的规则和程序。东盟自全球金融危机以来的经验表明，深化贸易和经济合作在协调贸易规则以及遏制其他非关税壁垒方面发挥了有效作用。相反，东盟的主要贸易伙伴大幅增加非关税壁垒，尤其是美国（美国全球性的贸易安排个数很少）（见图E4）。更广泛地说，通过重申透明、自由和公平贸易原则，尤其是在贸易保护主义抬头的背景下，《全面进步跨太平洋伙伴关系协定》成为了全球贸易和经济一体化议程中的另一重要里程碑。

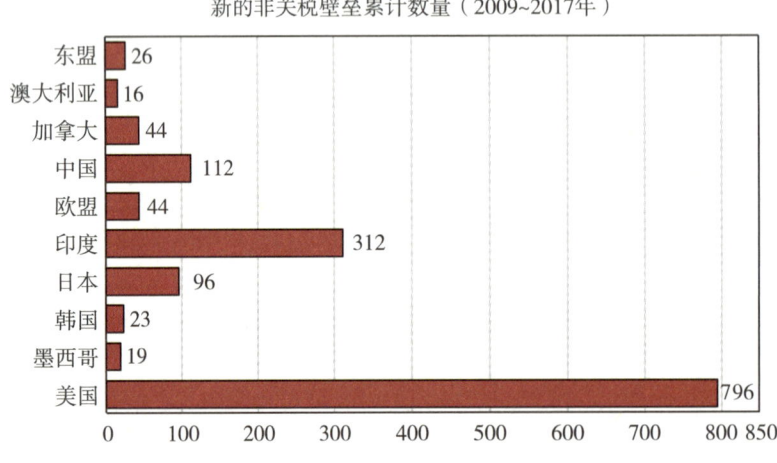

图E4　新的非关税壁垒数量上升，尤其是美国

资料来源：全球贸易预警数据库。

即使没有美国，该协定的效益仍然显著，并且可能因为没有了以美国为中心的贸易标准而激励本区域其他国家参与其中。虽然新的《全面进步跨太平洋伙伴关系协定》在占全球GDP和全球贸易的比例明显较小，但签署该协定意义重大，除了具有短期和长期经济效益外，还具有其他深远影响。《全面进步跨太平洋伙伴关系协定》不仅赋予了多边贸易谈判活力，还可能催化其他贸易谈判，可能成为制定规则的基准，这意味着该协定的条款未来可以作为《区域全面经济伙伴关系协定》等自由贸易协定的范本。此外，最初的《跨太平洋伙伴关系协定》遗漏了关键知识产权标准，部分缔约方就因此存在争议，此协议的完善也可能激励其他国家加入《全面进步跨太平洋伙伴关系协定》。成员数量的增加将加强并深化本区域目前的贸易和投资联系，进一步提高《全面进步跨太平洋伙伴关系协定》的效益。任何新成员的加入将产生正面溢出效应，不但新成员与现有成员之间的双边贸易将受益，现有成员之间的贸易也将间接受益。

随着经济增长，本区域私营部门相对于GDP的负债水平和杠杆水平有所下降，但债务仍是一个脆弱环节。如果全球金融环境过早地收紧，部分行业就可能陷入困境。虽然全球各大央行都在退出（或将退出）货币刺激政策，但全球金融环境仍然宽松，区域资产价格将继续受此支持。

虽然私营部门信贷增长温和，债务对GDP的比例有所下降，但正如《2017东亚区域经济展望报告》强调的那样，各经济体在过去几年都积累了大量信贷存量（见《2017东亚区域经济展望报告》图2.11）。在信贷周期（见表2.2和专栏D）分析中，部分经济体（如中国、日本、韩国、马来西亚、菲律宾、新加坡、柬埔寨、老挝和缅甸）的信贷在经历一段高于趋势的增长期后开始放缓。尽管全球金融形势仍相对宽松，但外部环境可能迅速转变，并导致国内金融环境过早收紧，从而导致部分行业陷入困境。

长期以来，全球低利率刺激本区域房地产价格上扬，尤其是住宅。如图2.8所示，部分经济体（如中国香港）的住宅价格继续攀升，高于历史平均水平。主要发达经济体在全球金融危机后的超低利率环境下，资本流入增加也促成了本区域较宽松的融资条件，导致与住宅行业相关的信贷快速增长。从住宅价格大幅上涨这个指标来看，这些经济体都处在信贷周期的后期。考虑到信贷快速增长带来的金融稳定风险，一些区域经济体（如新加坡、中国香港和马来西亚）已采取措施遏制过高的住宅价格，并促进整个房地产市场的可持续发展。

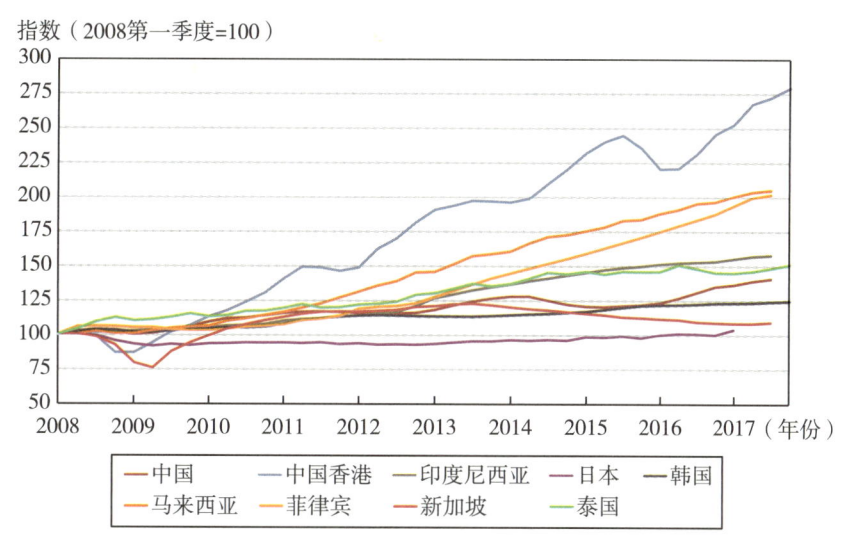

图2.8　部分区域经济体的住宅价格持续上涨

资料来源：BIS。

本区域一些政府和企业依赖外部融资，他们需要国外银行的借贷或投资组合资本流入，这样容易受到超预期的利率增长和由风险偏好带来的借贷展期风险的影响。

全球风险地图中强调的主要风险是全球金融环境以超预期的速度收紧，可能会增加融资风险。风险点为全球利率大幅上涨、美元持续升值以及期限溢价的攀升，这些因素也将可能促使机构投资者重新平衡投资组合，导致新兴市场大量资本外流。部分经济体的私人（非金融）企业债务和家庭债务居高不下，可能加大区域经济体的债务再融资风险（见图2.9）。本区域政府基本都采取了宏观审慎措施，以化解该风险。

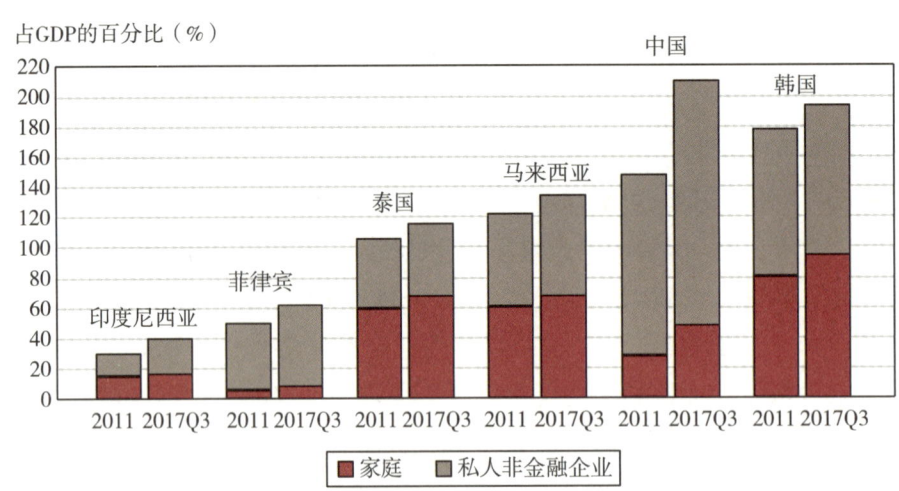

图2.9 家庭和各行业的私人（非金融）企业信贷

资料来源：国际清算银行、Haver。

与其他新兴市场地区不同，本区域新兴市场的主权债券市场对全球投资者仍有吸引力。本区域的债券市场已流入大量资金，美联储快于预期的加息速度对债券市场的影响应密切关注。虽然最近金融市场波动，但本区域新兴市场（东盟五国和韩国），尤其是债券市场，仍然吸引了投资组合资本流入，资本流入具有持续性。如图2.10所示，2013年1月到2017年12月，东盟四国和韩国的主权债券市场累计共有2 470亿美元的外资净流入。全球收益率不断攀升，可能加剧债务展期风险，一些经济体的债券市场有大量外资参与，这些经济体对此风险更为敏感。

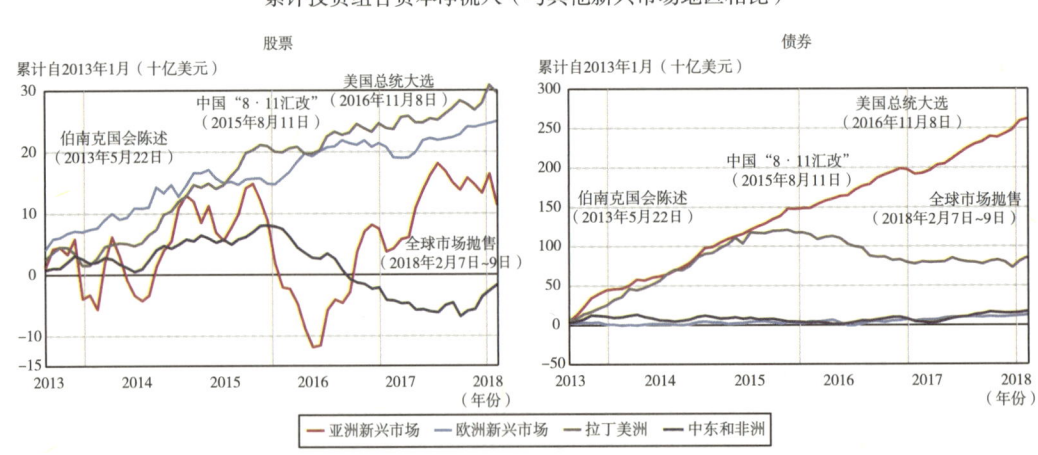

图2.10 与其他新兴市场相比，本区域债券市场对全球债券投资者仍更有吸引力

注：(1)股票市场方面，本区域新兴市场指韩国、马来西亚、泰国、印度尼西亚、菲律宾和越南。(2)债券市场方面，本区域新兴市场指韩国、马来西亚、泰国、印度尼西亚和菲律宾。

资料来源：彭博。

虽然外资参与当地政府债券市场的程度越来越高，但同时，本区域部分新兴市场拥有庞大的外国官方投资部门，而这些投资者是长期的稳定的投资者。[34]由于本区域部分新兴市场继续依赖外部融资，外国私人投资者（银行或非银行类）在困难时期往往倾向于规避风险。因此，他们可能不太愿意在困难时期对其借出的债务进行展期。图2.11列出了中国和东盟四国经济体以本国货币计价的政府债务中投资者的构成。值得注意的是，虽然外国银行和外国非银行部门主要持有以本国货币计价的政府债务证券（尤其是在印度尼西亚、马来西亚和菲律宾），但外国官方部门（如主权财富基金和国家养老基金）的参与程度也在不断提高。它们都是长期的机构投资者，不一定会对短期市场波动作出反应，因此有助于为本区域资本流入带来一定的稳定性。虽然外资参与创造了更多机会，但不断变化的外部金融环境以及频繁变化的投资者风险偏好可能会造成不稳定（见"专栏F　溢出效应分析：超预期的美联储加息情景模拟及其对本区域新兴市场的影响"）。

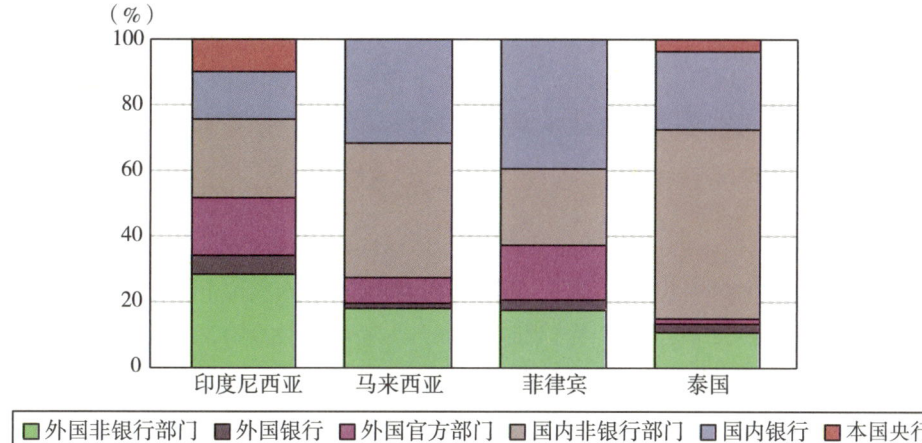

图2.11　外国官方部门是部分新兴市场政府债务证券的重要投资者

资料来源：IMF。

---

[34] 但是，由于大部分投资者都有严格的投资授权制度，对任何债务，如果评级下调超过一定的阈值，这些投资者就会将其抛售（"悬崖效应"）并重新平衡投资组合。

专栏F

溢出效应分析：超预期的美联储加息情景模拟及其对本区域新兴市场的影响[35]

由于减税和联邦政府支出计划的刺激，特朗普政府采取促增长政策，引发了市场对预算赤字扩大和美国政府债务水平上升的担忧。2018年2月初，由于担心美国经济增长会刺激通货膨胀，全球股票市场遭受了短暂的抛售。[36]尽管市场对美国主权债务风险作了重新定价，但并未大幅提高本区域新兴市场的长期借贷成本，也没有造成无序的资产配置以及本区域的资本外流。

美国经济接近充分就业，因此美国通货膨胀仍存在上行风险。鉴于货币政策传导机制的滞后性，一旦通货膨胀率迅速上涨，美联储则可能作出超预期的反应。美国国债收益率将因此激增，产生的溢出效应可能造成金融环境紧缩，这对本区域可能有重大影响。如果政策得不到良好沟通，则可能加剧本区域新兴市场资本持续大量外流的风险。如果全球投资者重新平衡投资组合，减少对新兴市场货币的配置将导致新兴市场货币持续疲软（"超调"）。本专栏旨在给出一种假设性情景，以便量化此情景的影响——即美国因通货膨胀压力上涨，美联储超预期加息，导致资本外流并对2018~2019年全球和区域经济体造成不利影响。

模拟溢出效应（相对于基准情景的影响）

1. 在全球金融形势收紧的情况下，2018~2019年区域经济增长率（从约5%的基准）[37]放缓至4.5%，而区域总体通货膨胀率（从1.8%的基准）略涨至2.1%（见图F1和图F2）。

---

[35] 该专栏中，本区域新兴市场指中国、韩国、印度尼西亚、马来西亚、菲律宾和泰国。分析截至2018年2月28日。

[36] AMRO：《美国税收改革及其对区域新兴市场的影响》，载于《东亚区域经济展望报告月刊（AREO）》，2018年2月。

[37] 基于市场共识预期的政策导向：

（1）英格兰银行：2018年和2019年分别累计加息25个基点和50个基点。

（2）欧洲央行：政策利率保持不变，净资产购买量维持在每月300亿欧元的水平，购买计划将持续到2018年9月底，必要时可延长。

（3）日本银行：当前政策没有变化。

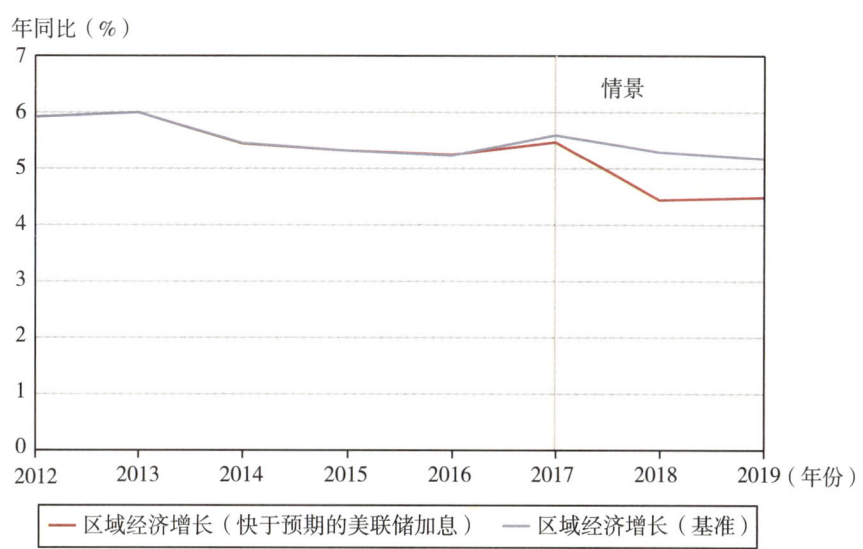

图F1 2018～2019年区域经济增长放缓

注：2017年之后的数据指在各种情景下的估计值。

资料来源：Oxford Economics、AMRO计算。

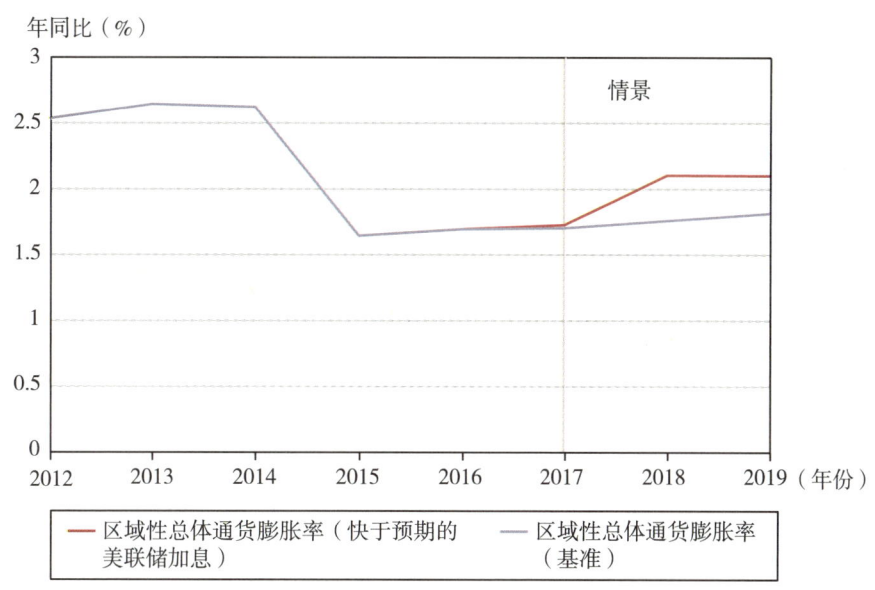

图F2 总体通货膨胀率略高

注：2017年之后的数据指在各种情景下的估计值。

资料来源：Oxford Economics、AMRO计算。

关键情景假设

主要情景假设如表F1所示：

表F1

美联储超预期加息	基准情景
• 美国2018~2019年个人消费开支通货膨胀率意外上涨至2%以上并维持在高于美联储2%的目标	美国2018~2019年个人消费开支通货膨胀率低于美联储2%的目标
• 美联储的政策加息快于预期，震惊市场（2018年和2019年两年累计加息100个基点）	美联储维持目前的加息步伐，继续表明2018年将累计加息75个基点，2019年50个基点
• 在通货膨胀预期上升的情况下，美国国债收益率攀升，10年期收益率超过3%	美国国债收益率继续保持低于3%的水平
• 美联储维持目前的资产负债表削减计划	美联储继续逐步削减资产负债表
• 整个情景期间，其他主要发达经济体未出现任何政策意外（相对于基准情景）[38]	
• 本区域的当前政策环境在整个情景期间保持不变。区域增长、通货膨胀、经常账户和财政前景为AMRO的（基准）预测值	

2. 在通货膨胀预期上升的情况下，美国10年期国债收益率攀升，2018~2019年平均达到3.3%。虽然本区域支撑经济增长的基础以及通货膨胀前景保持不变，但一些主要新兴市场的国家风险溢价较高，而这又被继续推高，长期借贷成本（10年期主权债券收益率）急剧上涨。随着对主权风险重新定价，与基准情景相比，收益率保持在较高的水平（见图F3）。

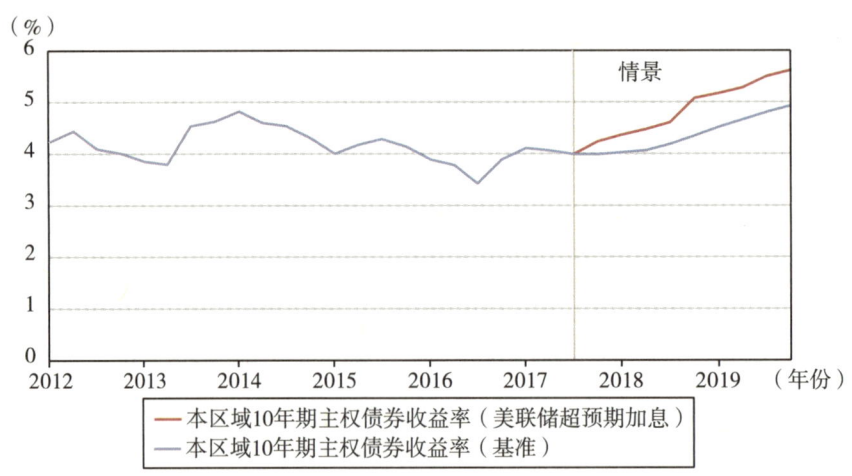

图F3 随着美国国债收益率上涨，本区域新兴市场的长期借贷成本激增

注：2017年第三季度之后的数据指在各种情景下的估计值。
资料来源：Oxford Economics、AMRO计算。

---

[38] 2018~2019年关键基准假设：全球经济增长（3%的水平），全球贸易额增长（4%），全球油价（每桶50美元），美联储累计加息（2018年和2019年均为50个基点），区域增长、通货膨胀、财政账户和经常账户前景为AMRO的预测值（见本报告附录）。

3. 就资本流动而言，情景模拟结果表明区域的非外国直接投资净资本流出量（含储备变化）可能相当大。图F4比较了情景模拟结果和2013年（削减恐慌）的实际非外国直接投资净资本流出量。高度开放的区域经济体以及与中国贸易联系紧密的经济体都容易受到潜在资本逆转的影响。但是，政府当局作出适当的政策响应可减小资本外流的规模（此情景假设政策保持不变）。

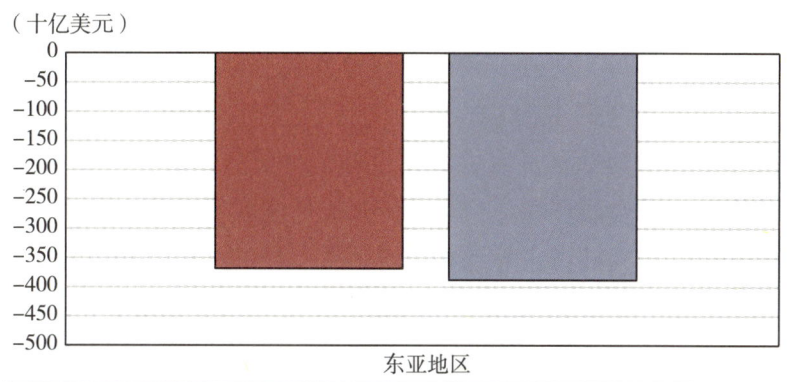

图F4 本区域非外国直接投资净资本流出量（包括储备变化）可能较大

注：此处的东亚地区指中国、印度尼西亚、韩国、马来西亚、菲律宾和泰国。
资料来源：Oxford Economics、AMRO计算。

结论

情景模拟说明，快于预期的美联储加息（未充分与市场沟通）有可能对本区域新兴市场的资产价格和资本流动产生重大溢出效应。这一点与全球风险地图一致——全球风险地图评估显示影响大（见图1.24）。为实现经济增长和金融稳定目标，政策制定者必须增加政策工具，建立外汇缓冲并采取积极的风险缓解措施。

三、政策建议

虽然短期内风险与2017年相比有所缓解，但特朗普政府采取的贸易保护主义措施以及愈加明显的通货膨胀压力迹象导致近期风险增加。政策制定者应更加警惕并继续扩展政策空间，尤其是在货币政策方面，以便应对未来进一步紧缩的全球金融环境。财政政策、货币政策以及宏观审慎政策的组合将取决于各经济体当前处于经济周期和信贷周期的阶段。

货币政策与金融稳定

就政策发展而言，鉴于国内通货膨胀形势良好，区域经济体在很大程度上采取宽松的货币政策。虽然部分区域经济体的政策利率上调，但本区域的货币政策立场总体上仍然宽松。为调整流动性，中国和菲律宾等经济体采取了其他具有针对性的政策措施，如下调存款准备金率，以支持小型企业和优先领域的贷款。此举强调了一个原则，即政策调整应更加具体并符合国家的具体情况。正如第二部分所述，经济增长速度快于潜在增长速度，产出缺口为正且正在形成通货膨胀压力的区域经济体可以考虑偏紧的货币政策。出现通货膨胀迹象，处于经济周期后期的区域经济体可以考虑（在以通货膨胀目标为导向的货币政策框架内）采取紧缩的货币政策。

尽管大多数区域经济体都处于经济周期的早期或中期，但鉴于过去几年积累起来的信贷规模，政策制定者应采取偏紧的货币政策，近期应该优先确保金融稳定，这比经济增长更重要。就部分经济体而言，由于全球金融形势趋紧，其货币政策空间可能有限，而且可能受到全球金融环境提前紧缩带来的冲击。虽然近期全球股市作了调整，但迄今为止，美国的加息周期尚未导致本区域新兴市场的大规模资本外流，韧性较强。外国投资者的股票投资组合虽遭受了一定的流出，但区域债券市场仍继续受益于外资流入，不过近几个月流入速度有所放缓（见图3.1）。虽然由于对通货膨胀和货币政策前景的重新评估，主要发达市场（尤其是美国）的债券收益率持续上涨[39]，但本区域大部分新兴市场的长期借贷成本基本保持稳定（见图3.2），本区域的流动条件也仍旧充分。这为部分区域经济体提供了一些货币政策空间，凸显出在美国加息周期情况下的韧性。为做好准备应对未来的风险，AMRO建议本区域经济体维持当前立场或采取偏紧的货币政策，且不要进一步放松货币政策。

图3.1 尽管全球股市在2018年2月初出现抛售，但流入区域债券市场的非居民净投资组合资本已有所恢复

资料来源：彭博。

---

[39] 美国国债收益率大幅上涨，主要反映期限溢价在经历了长期的低通货膨胀之后出现上涨。

图3.2　虽然美国国债收益率上涨,但本区域新兴市场(菲律宾除外)的长期借贷成本(10年期主权债券收益率)基本保持稳定

资料来源:彭博。

在房地产市场等比较脆弱的领域,维持或收紧宏观审慎措施有助于维护金融稳定,大多数区域经济体已采取此措施,积极收紧宏观审慎政策。首付率下限、偿债率、单一借款人上限以及逆周期资本缓冲等宏观审慎政策措施有助于缓和或控制家庭和企业过高的债务,并遏制金融业的潜在系统性风险。考虑到非金融企业债台高筑以及房地产市场的回暖迹象,AMRO建议大部分经济体维持当前从紧的宏观审慎政策立场。

政策制定者必须考虑到债务等国内外脆弱性以及外部融资依赖性带来的限制,对政策进行相应调整。有一些经济体金融部门脆弱,杠杆率高,或外债高,这些经济体将会面临严峻的权衡,即维持宽松的货币政策以支撑经济增长,或在全球金融形势收紧的情况下维持金融稳定。有一些经济体依赖资本市场为经常账户赤字和财政赤字("双赤字")提供资金,这些经济体在试图维持宽松的货币政策或扩张性财政政策时,可能会面临融资约束。

财政政策支持结构调整

对处于经济周期中期的经济体而言,当经济增长处于或高于经济潜力,且产出缺口为零或略为正时,政策制定者通常不需要追求额外的货币或财政刺激。对处于经济周期早期的经济体而言,政策制定者就很有必要通过额外刺激支持经济增长,以弥补负产出缺口。与此相反,处于经济周期后期的经济体产业缺口为正,出现通货膨胀压力或国际收支失衡迹象,政策制定者则应考虑调整货币政策并取消财政刺激,这样经济体就能避免经济衰退并顺利过渡到经济周期的早期或中期。对大多数经济体而言,当前的财政政策仍是扩张性,由于公共债务还在增加,我们的观点是巩固或维持财政状况,并且更加积极地运用财政政策支持结构改革并提高增长潜力(中国、日本、马来西亚和老挝)。

但是,积极运用财政政策也受到可用财政空间的限制,而可用财政空间已普遍缩小(见图3.3)。对部分经济体(韩国、印度尼西亚、马来西亚、菲律宾和泰国)而言,财政规则也限制了财政赤字上限或债务占GDP的比例上限。对柬埔寨、老挝、缅甸、越南和文莱而言,由于这些经济体的财政赤字(基本财政收支)已明显扩大,因此必须持续开展财政整顿[40](老挝、缅甸和越南),财政政策可以更谨慎些(见图3.4)。另一方面,应重新调整财政支出,优先支持结构改革,从而进一步建立经济能力,比如(菲律宾和泰国)实施基础设施计划支出。

图3.3 与全球金融危机前相比,本区域的财政赤字(经过周期性调整后)正在扩大

资料来源:世界银行。

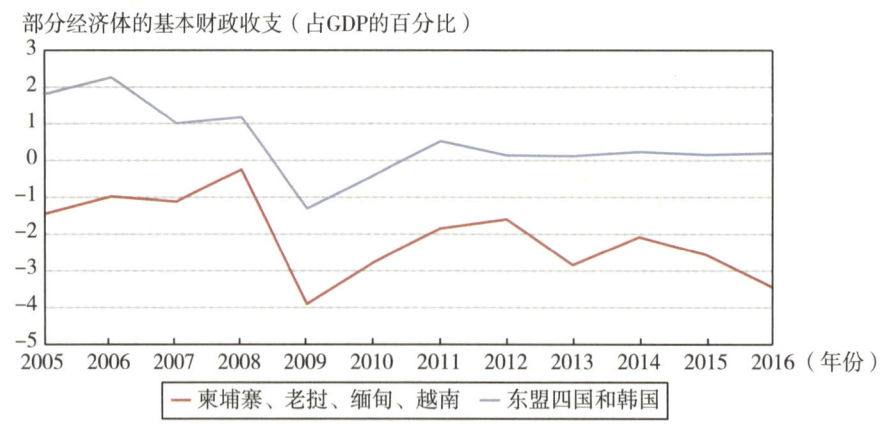

图3.4 基本财政收支普遍扩大,尤其是在柬埔寨、老挝、缅甸和越南

资料来源:世界银行。

---

[40] 正在开展财政整顿的经济体应继续重新调整并重新平衡现有支出计划,同时进行改革以增加收入。为了应对恶化的财政状况,一些区域经济体正在推进财政改革,通过采取减少漏税(缩减财政激励、规范非正规部门、提高效率)和加强税收管理等措施提高收入。

在经济环境良好背景下，本区域要推进改革议程，因此财政政策在支持经济增长以及促进结构调整方面可以发挥更大的作用。除需求管理政策外，从长远来看，建立必要的物质基础设施和人力资本以及促进经济多样化方面的结构改革，有助于提高生产能力和韧性。技术革新和自动化等全球趋势可能威胁就业率，人口老龄化也给本区域部分经济体的生产力和经济增长构成挑战，进行结构改革迫在眉睫。除国家层面单独的政策外，这些政策也要与本区域政策相结合，进而利用不断增长的区域内贸易和投资，以及东亚各经济体之间要素禀赋的互补性，这些改革能够创造更高的回报。下一专题报告《在变迁世界中保持韧性与发展》将做具体讨论。

四、附录：主要宏观经济指标

	2016年	2017年e	2018年p	2019年p
文莱				
实际GDP增长率（年同比，%）	-2.5	0.6	1.6	3.4
总体通货膨胀率（区间平均值，年同比，%）	-0.7	-0.2	0.2	0.4
经常账户余额（占GDP的百分比）	11.7	10.1	8.1	11.7
中央政府财政收支（财政年度，占GDP的百分比）	-16.6	-10.6	-8.1	-5.1
柬埔寨				
实际GDP增长率（年同比，%）	7.0	6.9	6.8	6.8
总体通货膨胀率（区间平均值，年同比，%）	3.0	2.9	3.2	3.4
经常账户余额（占GDP的百分比）	-8.9	-7.4	-6.9	-5.3
一般性政府财政收支（不包括补贴，占GDP的百分比）	-2.6	-0.7	-5.9	-5.0
中国				
实际GDP增长率（年同比，%）	6.7	6.9	6.6	6.4
总体通货膨胀率（区间平均值，年同比，%）	2.0	1.6	2.0	1.8
经常账户余额（占GDP的百分比）	1.8	1.3	1.1	1.0
一般性政府财政收支（占GDP的百分比）	-2.9	-2.9	-2.6	-2.7
中国香港				
实际GDP增长率（年同比，%）	2.1	3.8	3.4	3.0
总体通货膨胀率（区间平均值，年同比，%）	2.4	1.5	2.1	2.3
经常账户余额（占GDP的百分比）	4.0	4.2	3.3	3.0
政府财政收支（占GDP的百分比）	4.5	5.2	3.1	2.7
印度尼西亚				
实际GDP增长率（年同比，%）	5.0	5.1	5.2	5.3
总体通货膨胀率（区间平均值，年同比，%）	3.5	3.8	4.0	4.0
经常账户余额（占GDP的百分比）	-1.8	-1.7	-1.9	-2.0
中央政府财政收支（占GDP的百分比）	-2.5	-2.5	-2.2	-2.2
日本				
实际GDP增长率（财政年度，年同比，%）	1.2	1.8	1.3	0.7
总体通货膨胀率（财年平均值，年同比，%）	-0.1	0.7	0.8	0.9

续表

	2016年	2017年e	2018年p	2019年p
经常账户余额（财政年度，占GDP的百分比）	3.8	3.8	3.8	4.1
中央政府财政收支（财政年度，占GDP的百分比）	−4.6	−4.8	−4.3	−3.4
韩国				
实际GDP增长率（年同比，%）	2.9	3.1	2.9	2.8
总体通货膨胀率（区间平均值，年同比，%）	1.0	1.9	1.9	2.0
经常账户余额（占GDP的百分比）	7.0	5.1	4.9	4.5
中央政府财政收支（不包括补贴，占GDP的百分比）	−1.4	−1.1	−1.2	−1.4
老挝				
实际GDP增长率（财政年度，年同比，%）	7.0	6.8	6.8	7.1
总体通货膨胀率（区间平均值，年同比，%）	1.6	0.8	2.1	2.5
经常账户余额（占GDP的百分比）	−12.0	−11.3	−11.3	−10.1
一般性政府财政收支（包括补贴，占GDP的百分比）	−4.9	−5.7	−5.2	−5.1
马来西亚				
实际GDP增长率（年同比，%）	4.2	5.9	5.3	5.0
总体通货膨胀率（区间平均值，年同比，%）	2.1	3.7	2.4	2.6
经常账户余额（占GDP的百分比）	2.4	3.0	2.5	2.1
中央政府财政收支（不包括补贴，占GDP的百分比）	−3.1	−3.0	−2.8	−2.6
缅甸				
实际GDP增长率（财政年度，年同比，%）	7.0	5.9	7.0	7.4
总体通货膨胀率（区间平均值，年同比，%）	10.0	6.8	3.9	4.5
经常账户余额（财政年度，占GDP的百分比）	−5.1	−3.9	−4.7	−4.6
中央政府财政收支（财政年度，占GDP的百分比）	−4.1	−5.0	−4.3	−4.9
菲律宾				
实际GDP增长率（年同比，%）	6.9	6.6	6.8	6.9
总体通货膨胀率（区间平均值，年同比，%）	1.8	3.2	4.3	3.3
经常账户余额（占GDP的百分比）	−0.4	−0.8	−1.5	−1.1
中央政府财政收支（占GDP的百分比）	−2.4	−2.0	−2.9	−3.1
新加坡				
实际GDP增长率（年同比，%）	2.4	3.6	3.0	2.8
总体通货膨胀率（区间平均值，年同比，%）	−0.5	0.6	1.2	1.8
经常账户余额（占GDP的百分比）	19.0	18.8	17.5	17.2

续表

	2016年	2017年e	2018年p	2019年p
中央政府财政收支（占GDP的百分比）	1.4	2.1	−0.1	0.0
泰国				
实际GDP增长率（年同比，%）	3.3	3.9	3.9	3.7
总体通货膨胀率（区间平均值，年同比，%）	0.2	0.7	1.0	1.6
经常账户余额（占GDP的百分比）	11.7	10.6	7.9	5.4
一般性政府财政收支（财政年度，占GDP的百分比）	−2.8	−3.6	−2.9	−2.8
越南				
实际GDP增长率（年同比，%）	6.2	6.8	6.6	6.6
总体通货膨胀率（区间平均值，年同比，%）	2.7	3.5	3.4	3.5
经常账户余额（占GDP的百分比）	4.2	3.1	2.6	2.6
一般性政府净贷款（占GDP的百分比）	−5.6	−3.5	−3.7	−3.5

注：e/估计；p/预测。除非另有说明，实际GDP增长数据指日历年。2017年尚无法获得的数据参考AMRO计算值。老挝统计局最近以2012年为基数重新计算GDP，重新计算后的GDP系列（名义和实际）数据比此前的系列数据约高15%，这影响了过去的指标。缅甸的财政年度为每年的4月1日至下一年的3月31日。2018财政年度为2017年4月1日至2018年3月31日。

资料来源：各经济体官方机构、AMRO计算。

2018东亚区域经济展望报告
ASEAN+3 REGIONAL ECONOMIC OUTLOOK 2018

在变迁世界中保持韧性与发展
Resilience and Growth in a Changing World

专题报告：
在变迁世界中保持韧性与发展

一、坚持不懈：在变迁世界中保持韧性与发展

> 《2017东亚区域经济展望报告》的专题章节追溯了东亚在亚洲金融危机发生之后20年里的发展以及为未来发展吸取的政策教训。通过采取更为灵活的国内政策框架、重建资产负债表、加强宏观经济基本面以及在东亚区域内进行更多的金融合作以应对外部冲击，东亚经济体在经历亚洲金融危机之后实现强劲复苏。除了在国内结构改革中制定坚定的政策措施之外，东亚区域对全球贸易、外国直接投资以及资本流动的承诺和开放态度也使得这些经济体能够从全球贸易增长中获益。尽管发达经济体的外部需求在全球金融危机之后受到抑制，中国作为全球生产基地的崛起，以及不断发展的区域一体化持续为贸易和投资一体化带来了好处（AMRO，2017年）。

本专题报告在2017年专题报告的基础上，探讨了东亚区域如何在面对贸易、生产网络和技术之全球根本性变化的情况下保持自身的韧性与发展。由于这些变化，以"出口型制造业"为发展战略的经济体将面临考验。本报告首先概述了出口、制造业、生产率和增长之间相辅相成的增长动力，然后对可能需要作出的调整进行评估，最后针对东亚地区提出政策建议。

二 "出口型制造业"发展战略：仍然可行吗

在过去的几十年时间里，"通过贸易融入全球经济"几乎是所有东亚经济体实现增长和发展的基础动力。对于发展中经济体而言，无论经济体大小，国内市场规模皆因收入低下而受到限制，而出口商品来满足外部需求有助于克服此限制，建立并获得出口竞争力，引进急须的外国直接投资和外汇收入来进口资本品。除此之外，引进的外国直接投资还带来技术转移并在更大范围的经济领域中实现正面溢出效应。

"出口型制造业"这一战略为东亚经济体经济发展、生产率和工资增长提供了强有力的自我强化动力（见图2.1）。由于制造业通常是增长最快且经济生产率最高的行业，出口和外国直接投资对于制造业生产能力的提振大幅提高了整体经济生产率。在就业方面，劳动力从农业等生产率较低的行业转向制造业，也促进了"出口型制造业"战略的实施。除了制造业的就业机会有所增加之外，实际工资也随着生产率的提高而上涨。这种经济转型促使东亚区域的实际工资实现快速增长，尤其是在中国（实际工资水平远高于世界平均水平）（见图2.2）。

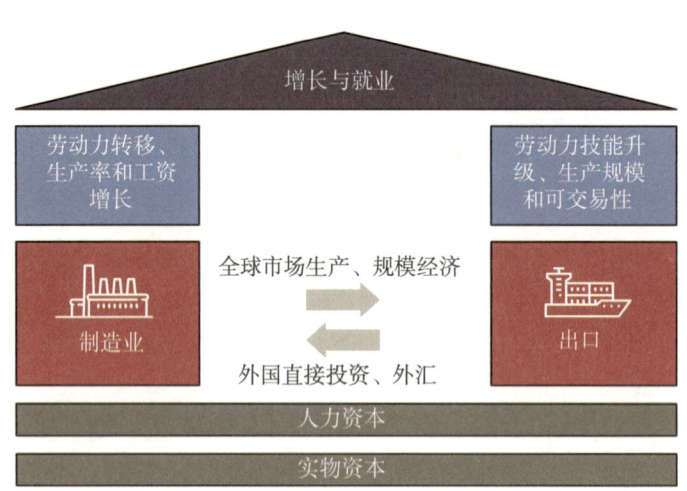

图2.1 "出口型制造业"战略的增长动力

资料来源:AMRO。

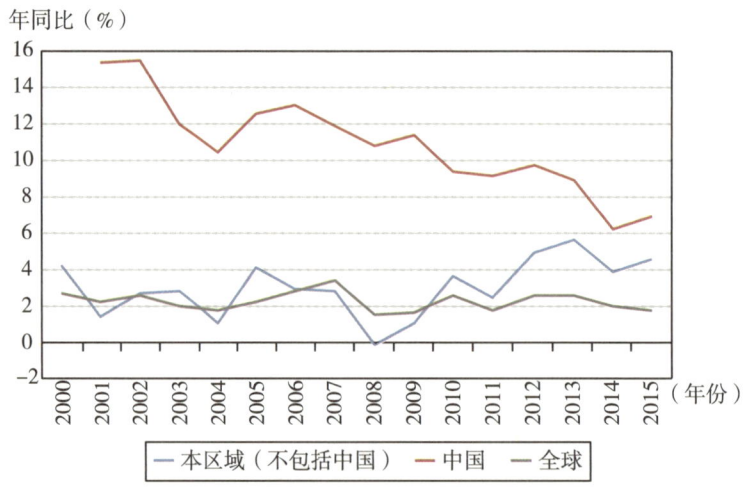

图2.2 年度实际工资增长平均值(按区域)

注:本区域(不包括中国)数据按经济体年度工资增长的简单平均值计算。数据不适用于缅甸。
资料来源:ILOSTAT、AMRO计算。

这一战略使得东亚经济体的收入水平与发达经济体的差距缩小。"第一波"[41]经济体(包括日本、韩国、中国香港和新加坡)在20世纪60年代和70年代成功地遵循了这一战略。他们早已退出以"低劳动成本"为显著竞争优势的阶段,并转向包括服务在

[41] 第一波(当前人均收入超过35 000美元):日本和韩国等工业化经济体,以及中国香港和新加坡等金融中心;第二波(人均收入在2 000美元至10 000美元之间):中国以及印度尼西亚、马来西亚、菲律宾、泰国和越南等大型东盟经济体;第三波(人均收入低于2 000美元):柬埔寨、老挝和缅甸,以及文莱(人均收入高得多,但处于制造业和服务业广度及复杂程度的发展初期)。

内的高价值出口。"第二波"经济体（包括中国，以及印度尼西亚、马来西亚、菲律宾、泰国和越南等大型东盟经济体）随后于20世纪80年代和90年代开始这种转型，并且已经从以出口为导向的外国直接投资（提高了制造业生产能力）中获得了巨大收益。这些经济体（尤其是中国和印度尼西亚）还具有人口众多的优势，它们鼓励利用引进的外国直接投资建立以出口为导向的生产基地，同时随着收入水平上升而满足不断增长的国内消费需求。"第三波"经济体（包括柬埔寨、老挝、缅甸和文莱等资源依赖型经济体）已经开始通过制成品出口实现贸易一体化，或者正在进行经济多元化发展，试着将发展方向从农业和采矿业转向制造业。

尽管"出口型制造业"迄今为止是一项有效战略，但本章将探讨随着贸易、生产网络和技术领域的全球变化，应如何调整此战略。虽然全球变化在某些方面加强了出口、制造业、生产率和增长之间的发展，但全球变化也有可能产生不利影响。

本报告第三部分研究了全球价值链的重要特征和贡献。对于区域内贸易而言，全球价值链是越来越重要的推动力，尤其是随着中国作为全球生产基地的崛起。在早些年里，全球价值链的形成和扩张对于区域经济体（特别是发展中的东盟经济体）而言，具有较低的技术进入门槛，即受益于"出口型制造业"战略。经济体还可以通过"生产中间产品进行出口"的这种方式参与全球价值链，而不必生产出完整的制成品进行出口（世界贸易组织，2017年）。在这种方式下，全球价值链通过实施专业化进程并利用各经济体的相对优势，使得东亚地区在整体竞争力方面更具韧性。然而，由于制造工艺和产品本身随时间推移变得更加高科技，新兴市场经济体将更加难以加入全球价值链，也更加难以在全球价值链中提升竞争力。近期，不断升级的贸易紧张局势使得整个供应链更有可能遭受外部冲击。在这种情况下，特别是自全球金融危机以来，东亚地区的内部最终需求日益增长，这在一定程度上缓解了区域外部需求下跌所带来的影响，并使东亚地区保持了较高水平的增长。

本报告第四部分继续探讨不断加快的技术进步，技术进步将通过不同方式对第一波、第二波和第三波东亚经济体在促进增长和创造就业方面构成挑战。据称，尽管"出口型制造业"这一战略仍然有效，但它实际面临着短期的阻力和长期的挑战。按照惯例，技术变革总被视作经济发展的一个加分项，但事实证明，技术其实是一把"双刃剑"。技术进步有助于促进制造业和服务业发展。但是，过快的技术变革对制造业产生了影响，同时服务业在跨境贸易中扮演的角色也越来越重要，这给不同区域（包括东亚区域）的新兴市场经济体带来了挑战。随着技术进步，各个制造业子行业的资本密集程度会加强，这也将改变服务业的性质，对人力资本的质量提出更高要求，并需要更先进的基础设施和相应的生态系统。一些经济体对这些挑战毫无准备，这将妨碍其追赶经济增长，降低经济韧性，也无法为不断增加的年轻人创造充足就业机会。就制造业在巅峰时创造的就业人数而言，相较于"第一波"经济体，"第二波"和"第三波"经济体创造的就业更少。在达到高收入状态之前，或者获得高水平经济发展的技术基础和能力之前，就业人数可能就已达到顶峰。

本报告第五部分进一步探讨了高度多样化服务业的作用，它推动了制造业，而其自身也成为越来越关键的增长动力，更多的服务业子行业也成为就业和生产率的新驱动力，此章节也对此进行了探讨。我们认为各经济体会意识到，在制造业和服务业的大多数领域，越来越难以创造就业机会和维持增长的人口福利。本报告的结论部分提供了案例研究，阐述了东亚各国不同行业已经存在的各种变化和挑战，以此为依据，第六部分最后针对东亚地区提出政策建议。

三、"出口型制造业"战略：因全球价值链和不断增长的区域内需求而加强，同时受到保护主义的威胁

全球价值链和跨境生产网络的形成是全球和区域内贸易的重要驱动因素。虽然全球贸易增长与世界GDP增长同步（见图3.1），但从增加值的角度来看，自2000年以来，全球价值链在全球贸易中所占比例大幅增加，即使在2008~2009年全球金融危机期间有所减少（见图3.2）。除了全球价值链贸易量有所增长外，全球价值链也在深化。相较于单一的全球价值链，复杂的全球价值链（在组装成最终产品之前，其中间产品经过两个或两个以上国境的跨境生产加工）在全球贸易中占比的增速加快。鉴于贸易、增长和就业之间的良好联系（尤其是对于新兴市场而言），亚洲、拉丁美洲和新兴欧洲的新兴市场地区，经济增长、劳动生产率和工资增长方面先同步加速，然后下降。

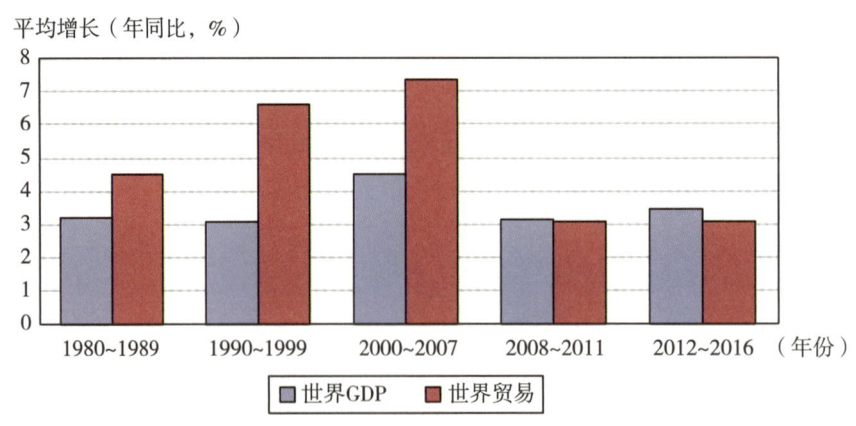

图3.1 全球贸易增长与GDP增长

资料来源：国际货币基金组织（IMF）、AMRO计算。

举例而言，中国作为大型经济体，因融入世界经济而获益，也促成了区域内全球价值链的形成。通过多年改革，建立了以市场为基础的经济体系之后，随着加入世

界贸易组织（WTO），21世纪初期以来，中国的贸易和经济增长实现了大幅提升。自2001年加入WTO，2007年全球金融危机之前，中国成为全球制造中心，出口量实现大幅增长（WTO，2017年）。自此，中国就渐渐成为全球价值链中心，中国加工来自本区域其他经济体的中间品，这对本区域供应链至关重要，大幅提振了区域贸易。随着区域内贸易量和投资量的增长，东亚地区其他经济体也因此受益并融入世界贸易，促进经济增长。

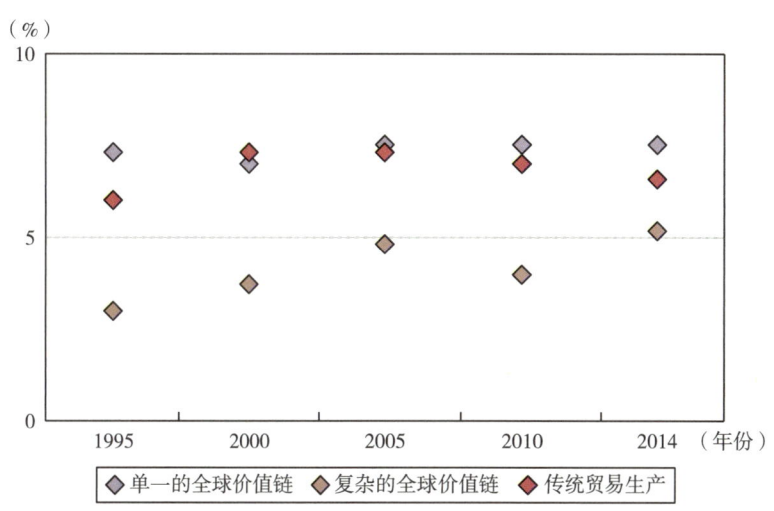

图3.2 全球价值链在全球产量中所占比例（从增加值角度来看）

注：单一的全球价值链仅涉及一次国内增值跨境生产，而复杂的全球价值链涉及至少两次国内增值跨境生产，并由伙伴国生产中间或最终产品，再出口给原籍国或者再出口到其他国家。其余为不涉及贸易的增加值，即纯粹的国内生产。

资料来源：WTO。

全球价值链促使东亚区域的发展中经济体融入全球及区域贸易和生产网络。虽然全球价值链只是全球生产或贸易的一部分，但多个东亚区域经济体的贸易仍然在很大程度上与全球价值链息息相关（见图3.3），并从贸易中获益。

全球价值链给区域经济体提供了机会，经济体并不需要具备生产出完整制成品（这种产品富有出口竞争力）的技术，但也可以就某一环节参与生产和贸易，仍然可以实现出口导向型增长，在此基础上，逐步实现生产和出口的多样化。

全球价值链最初以中间制成品贸易为中心，这促进了制造业的发展。在东亚区域内外，制造业增加值在GDP中占比越大，参与全球价值链的程度就越高（见图3.4）。参与全球价值链能够使各国加强其专有技术，提升劳动力技能水平，并促进基础设施建设。所有这些都有助于提高出口国在价值链中发挥更复杂职能。

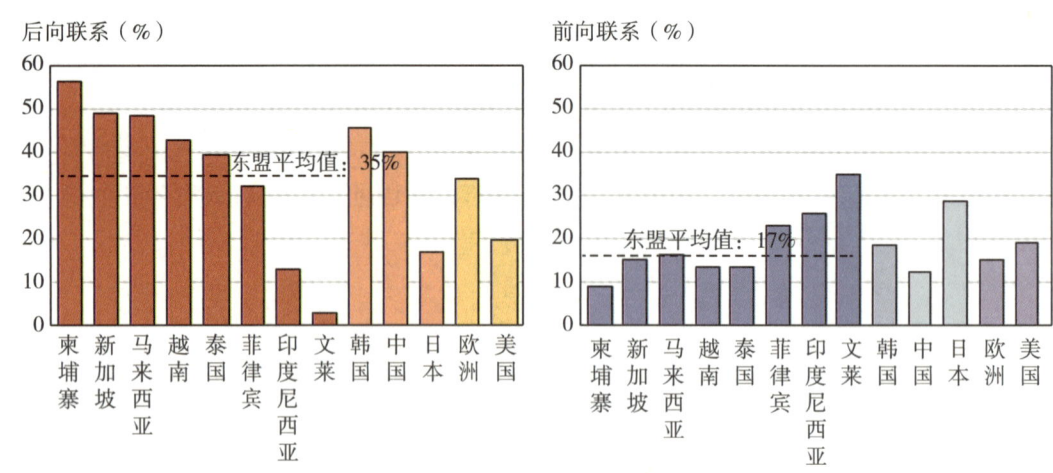

图3.3　全球价值链参与度：选定的东亚经济体和比较国

注：后向和前向全球价值链参与度（%）是评估各经济体参与全球价值链的程度的两项主要指标。这两项指标均以参考国家的出口占比表示。A国的后向全球价值链参与百分比定义：A国的企业在利用其进口的国外中间增加值进行出口活动的程度。A国的前向全球价值链参与百分比定义：其他国家企业使用A国的出口作为中间品，进行生产，最后再进行出口。这样，我们就"不同形式参与全球价值链"进行了衡量。例如，专注于将产品组装成最终产品并进行出口的国家，通常具有较高的后向参与百分比以及较低的前向参与百分比。相反，专注于向组装国供应中间产品的国家，通常具有极高的前向参与百分比以及较低的后向参与百分比。这些参与百分比指标反映出从全球价值链购买（即后向参与）以及向全球价值链出售（即前向参与）两种参与形式，或者说是价值链活动的需求和供应方。本图数据为截至2011年的数据。

资料来源：经济合作与发展组织的增值贸易数据库、国际贸易中心的外国直接投资统计数据、AMRO计算。

东亚区域国家对全球价值链的参与程度参差不齐，这反映了资源和经济结构的多样性（见图3.3）。在文莱和印度尼西亚等资源丰富的国家，前向联系程度比较高，这些国家出口的产品（如棕榈油、煤炭和石油）用作其他国家生产出口产品（如化学品）的原材料。相比之下，以出口型制造业为导向的东盟国家（特别是新加坡、马来西亚、泰国和越南）往往呈现出较高的后向联系百分比，这说明其出口型制造业在更大程度上依赖进口商品。

技术进步已成为全球加大全球价值链参与度以及提升劳动力技能的关键因素，特别是东亚地区的国家。自20世纪90年代中期以来，计算机、互联网和无线移动通信等日新月异的技术进步在很长一段时间内对促进国际生产分割（IFP）发挥着关键作用。它们不仅降低了生产成本和运输成本，还提高了劳动生产率。这样，无论对新入行者或者已经加入全球价值链的国家，都能够更大程度地参与进来。随着时间的推移，多数国家均已从这些变化中受益，全球价值链联系更加深入，技能型劳动力人数不断增加（见图3.4）。例如，中国和印度尼西亚的劳动力技能大幅提升，虽然基础效应也起了一定作用。值得一提的是，低技能工作受到严重影响，尤其是在工资较高的发达经济体中比较明显,这在一定程度上反映出劳动被新技术所替代的效应。

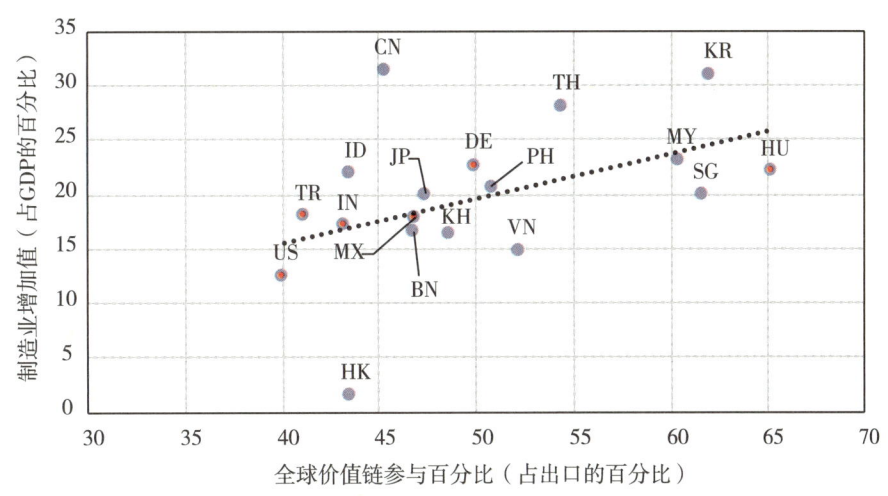

图3.4 制造业集中化对全球价值链一体化的发展程度:
一些东亚经济体和比较国

注:全球价值链参与度系前向参与百分比与后向参与百分比之和。数据是截至2011年的数据。

然而,在后期,全球价值链参与度已经呈现出稳定迹象(WTO,2017年)。在全球贸易环境低迷的情况下,全球价值链活动放缓主要出于以下几个原因:首先,关税削减速度放缓且非关税壁垒(NTB)急速上升,减缓了参与全球价值链的势头。在20世纪90年代初期,关税税率大幅下降,贸易自由化进程促进了全球价值链的扩张,这使得离岸外包成为外国跨国公司颇具吸引力的一项战略。除此之外,新实施的非关税壁垒也相对温和。但是,到了后期,全球平均关税税率的下降变得更加缓慢,而新的非关税壁垒的数量大幅增加。其次,近年来,由于制造工艺和产品本身科技含量更高,新兴市场经济体(包括东亚地区的新兴市场经济体)更加难以加入全球价值链,也更加难以在全球价值链中提升竞争力。最后,最近不断上升的贸易紧张关系使得整条供应链更有可能遭受外部冲击。

事实上,在经历之前一段时间强劲增长之后,这种全球价值链参与度逐渐下降的全球化趋势也在东亚地区出现。由图3.5可以看出,东盟四国(ASEAN-4)和中国的后向联系有所下降,而前向联系逐渐上升。这些变化在一定程度上可以归因于制造业的不断升级,以及国内供应商借助持续流入的外国直接投资建立的供应集群。例如,在过去十年里,发达国家(包括本地区的日本和韩国)的跨国公司已经在新兴的东亚经济体中建立了生产基地,以供出口和满足其本国的国内需求,从而促进了产业升级和国内供应商的发展。因为东盟四国经济体和中国越发能够在国内采购中间品,这使得对中间品的进口需求有所下降。

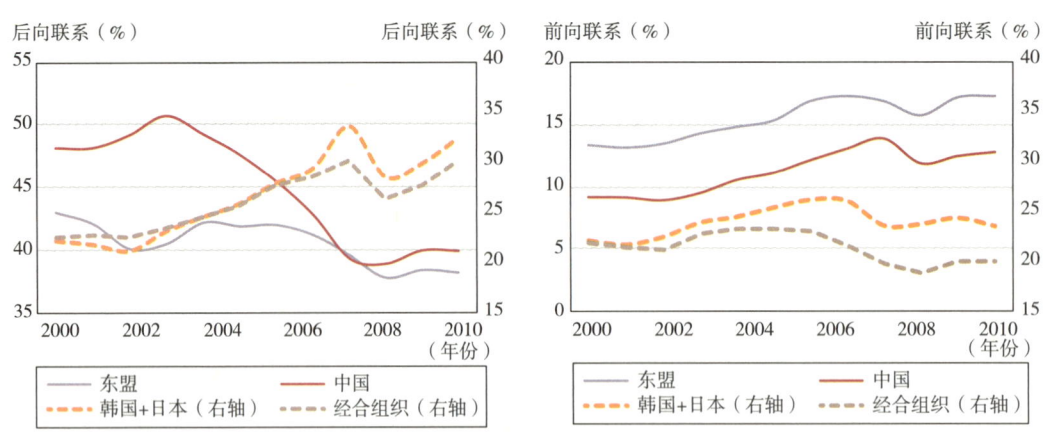

图3.5 一些区域和经济体的前向联系和后向联系

注:"前向联系"和"后向联系"的解释针对图3.3。数据是截至2011年的数据。
资料来源:经合组织的增值贸易数据库。

展望未来,一个关键的不确定性在于,发达经济体或大型经济体是否可以加强本土生产能力,是否着重加快产品投放市场,而不是通过异地生产节省成本。就这一点而言,中国就是典型示例,有迹象表明中国越来越多地使用中国生产的中间投入品来代替进口中间产品。虽然实证证据不一,但中国近年来的全球价值链贸易量在贸易总额(从增加值角度来看)中所占比例似乎略有下降(见图3.6)(WTO,2017年)。这种变化伴随着通信技术的发展,相对于国际生产分工而言,国内生产分工的协调成本大大降低了,而且,也更容易在本国找到更先进的技术和更高技能的人力资本(Fort,2014年)。中国制造业如计算机、电子产品、光学设备、电力机械和装置等在国内采购中间投入品以替代进口产品可能成为趋势(世界银行,2016年4月)。

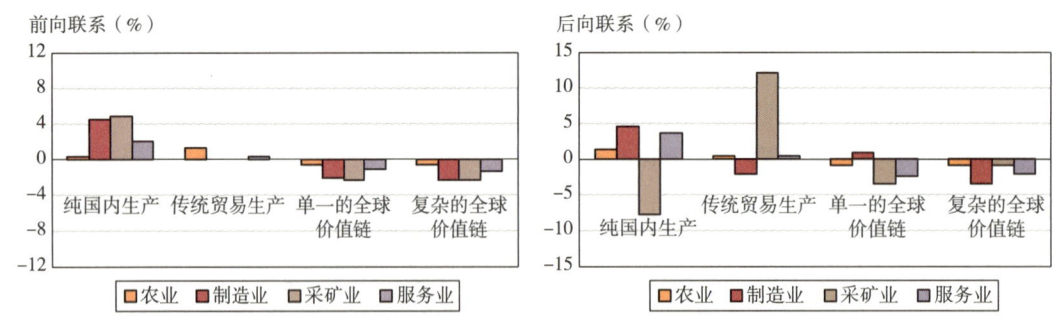

图3.6 不同类型增加值创建活动的结构性变化:中国

注:数据指的是2011年与2015年之间贸易联系百分比的差异。
资料来源:世界贸易组织,《全球价值链发展报告》(2017年)。

在过去的十年里,中国本地产品在加工出口总量中所占比例稳步上升,而世界价值链的后向联系百分比则下降(见图3.5和图3.7)。就东盟四国向全世界(包括中国)

出口来看，实证研究[42]表明，自21世纪初期以来，出口量对全球需求的长期弹性下降，这在一定程度上反映出中国和其他国家对东盟四国的中间产品或主要出口的吸收程度有所下降（见图3.8）。关于对其他国家生产的中间品，中国经历的这种结构性升级将持续，虽然这对东亚各经济体有一定负面影响，但可能会被中国从东亚地区进口越来越多的用于最终消费的消费品和服务所抵消。本部分后续内容将对此进行探讨。

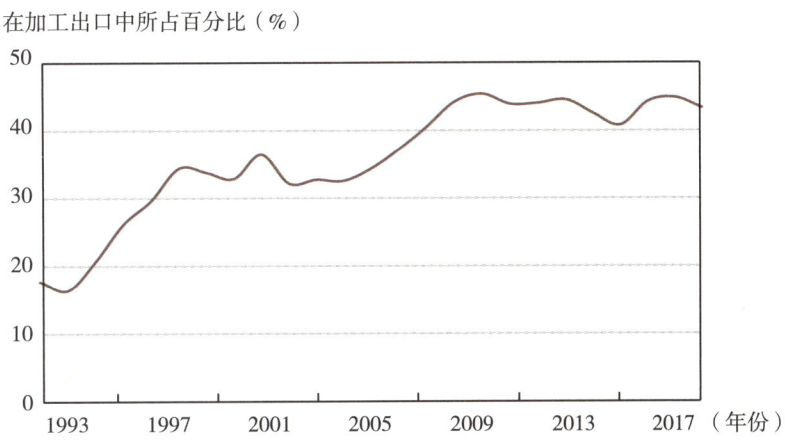

图3.7　本国生产的产品在中国加工出口总量中所占份额

资料来源：中国海关统计数据。

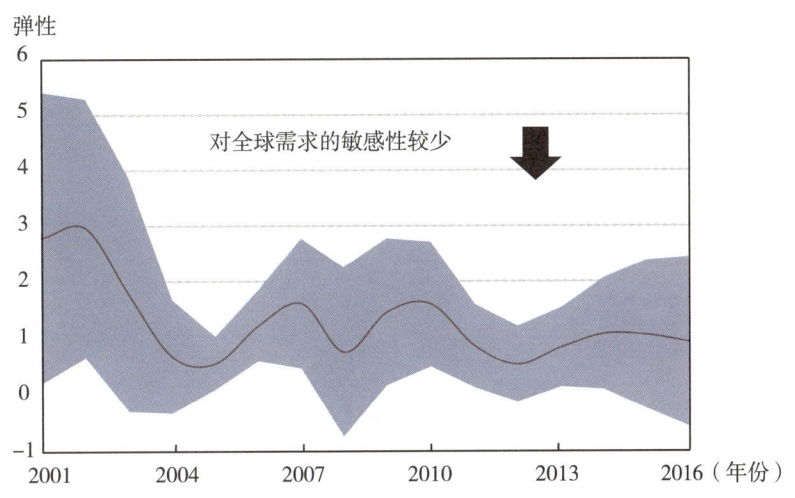

图3.8　东盟四国出口量的产出弹性（滚动预测，2001~2016年）

注：阴影区域显示了90%的置信区间。系数的时间变化基于滚动的六年期窗口样本进行估计。

资料来源：经济合作与发展组织的增值贸易数据库、世界发展指标（World Development Indicators）、AMRO计算。

---

[42] 东盟四国出口量对全球GDP和相对价格的长期弹性采用面板误差修正模型进行估算，具体如下：$\Delta \ln($出口量$_{i,t}) = \alpha + \beta \ln($出口量$_{i,t-1}) + \gamma \ln($全球GDP$_{i,t-1}) + \delta \ln($相对价格$_{i,t-1}) + \eta \Delta \ln($全球GDP$_{i,t}) + \theta \Delta \ln($相对价格$_{i,t}) + \varepsilon_{i,t}$ 其中，对全球GDP和相对价格的长期弹性分别为$-\gamma/\beta$和$-\delta/\beta$。包含1995~2016年的马来西亚、泰国、印度尼西亚和菲律宾的数据。相对出口价格指的是国家出口价格与全球出口价格的比值。

不断增长的区域内需求可能会在一定程度上缓解保护主义威胁。

不断上涨的保护主义情绪也可能影响到东亚地区的全球价值链参与度，也对劳动力市场有影响。尽管全球价值链已使东亚成为区域生产基地，在整体竞争力方面更具韧性，但可能同时会加剧贸易保护主义等外部冲击在整条供应链中的传播。实际或预期的贸易保护主义可能以两种方式影响全球价值链。第一，贸易保护主义使得进口中间产品和资本商品由于关税的增加而变得更加昂贵，由此削减了在海外设立生产基地的动机或者促使重振本国制造业。第二，由于保护主义威胁增加了投资或商业不确定性，投资者普遍采取观望态度。此外，针对某些国家的贸易措施或关键贸易协议将重新谈判，这也将不可避免地对其他国家造成影响，这是因为东亚地区的广泛供应链存在相互联系。供应链联系的无序调整也会对本区域的贸易表现产生不利影响，并对经济增长和就业产生溢出效应。

本地区的区域内最终需求不断增长，这有助于吸收区域的出口，也有助于缓解保护主义对区域外需求的全球价值链的影响。这在过去十年里越来越明显。继全球金融危机和欧洲主权债务危机之后，区域外的全球需求疲软，迫使区域经济体重新平衡经济增长点，以减少对主要发达经济体最终需求的依赖。虽然出口仍然是经济增长的重要推动因素，但其占比却有所下降（见图3.9）。与此同时，本区域也正在远离传统出口市场（见图3.10），随着区域的日益富裕以及中产阶级的崛起，本区域更依靠区域内的需求，尤其是来自中国的需求。图3.11表明，本区域面向最终需求的增加值出口量在2016年已几乎增长至区域增加值出口总量的一半。

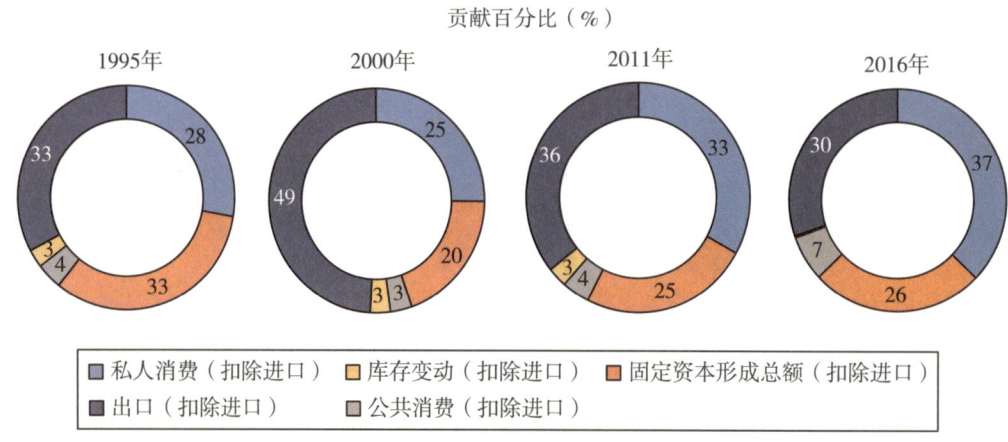

图3.9 对实际GDP增长的贡献百分比：东盟四国与越南（进口调整方法）

资料来源：各经济体官方机构、AMRO估值。

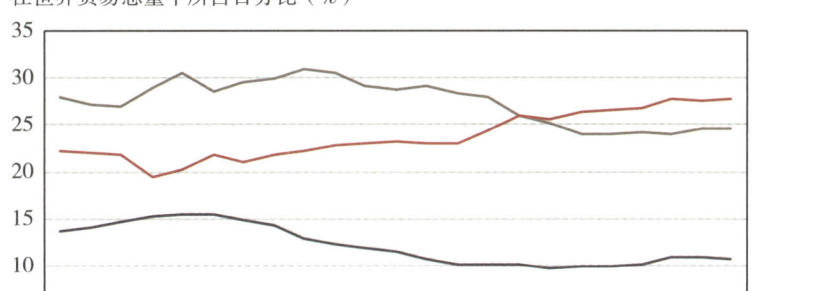

图3.10 东亚区域贸易量在世界贸易总量中的占比

资料来源：各国政府、国际货币基金组织DOTS数据库。

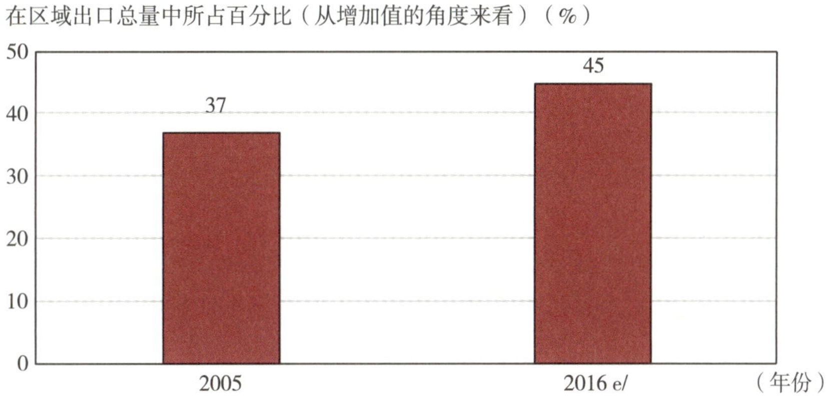

图3.11 区域最终需求量在区域增加值出口总量中的占比

注：e/估计。
资料来源：经济合作与发展组织增加值贸易数据库、AMRO估计。

四、技术：一把"双刃剑"

出口型制造业带来的就业增长可能会放缓

尽管"出口型制造业"这一战略仍然是一项重要的发展驱动因素，但它面临着来自贸易保护主义的短期阻力、生产结构和全球价值链变化带来的长期挑战，以及技术对就业的影响。多年来，全球价值链持续发生了技术变革，这种重新配置增加了大多数制造行业的资本密集度，并对高技能劳动力提出了更多需求。对于许多东亚国家来说，近年制造业对经济增长和就业的贡献已在放缓，在保持快速增长的同时向价值链上游移动则更具挑战性。"第一波"和"第二波"经济体设法在其发展的过程中（几十年时间里）将制造业在GDP中所占比例提升至25%~30%，而大多数"第三波"经济体的制造业占比虽然在不断上升，但最多也只能达到GDP的15%~20%（见图4.1）。

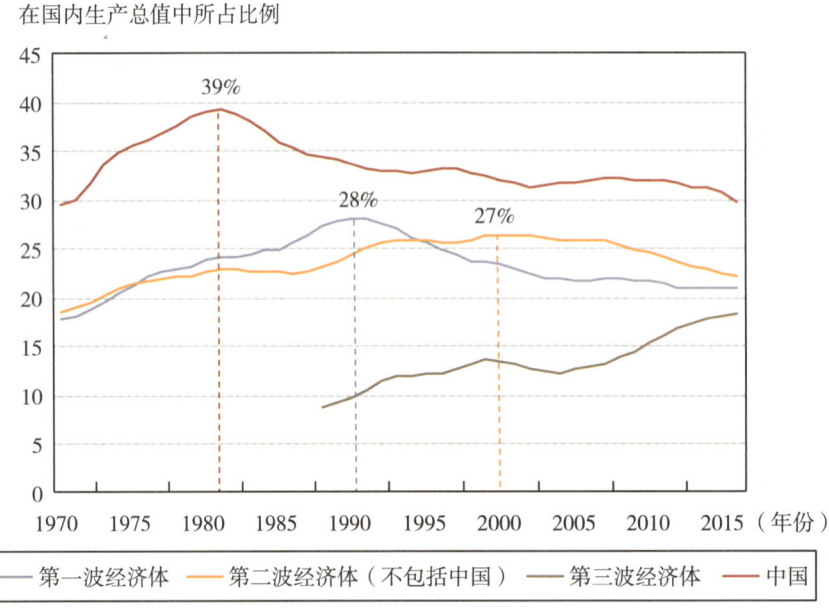

图4.1 制造业在国内生产总值中所占比例

资料来源：世界银行、AMRO计算结果。

在过去15年左右的时间里，对于第一波、第二波和第三波东亚经济体，相比对经济增长的贡献，其制造业对就业的贡献各有不同。这归因于几个因素，如经济发展阶段、劳动生产率水平以及技术复杂程度。"第一波"经济体的生产率在世纪之交已经达到了相当高的水平，然后进一步提高制造业生产率，同时也将劳动力转向服务业。"第二波"经济体和"第三波"经济体的发展路径比较相似，它们的经济增长率在过去十五年里始终保持高位，但在进一步提升劳动生产率方面还是逊色于"第一波"经济体（见图4.2）。"第一波"经济体的制造业在就业总量中占据高达40%的份额（随后大幅下降至25%左右），但"第二波"和"第三波"经济体的制造业在就业总量中占据的最大份额却处于较低水平，实际上几乎与"第一波"经济体制造业所占的最小份额持平。除此之外，技术使得更多的服务对国内消费者更具吸引力且变得更具交易性，但同时技术也削弱了制造业对经济增长的贡献。总的来说，技术进步具有积极意义。但是，如果技术进步特别广泛且迅速，则有可能导致GDP和就业模式发生重大的产业结构改变，产生有输有赢的局面。新加坡金融管理局（MAS）最近发布的研究报告"2018年4月宏观经济评论"的专题篇（MAS，2018年）强调了数字化带来的这一关键挑战。对于东亚而言，GDP和就业模式的这种产业结构变化发生在大多数"第二波"和"第三波"经济体实现高收入水平、获取技术和较高经济发展能力之前。其他区域的新兴市场经济体也经历了这些趋势，政府已经着手通过其他行业为经济增长和就业提供支持。[43]

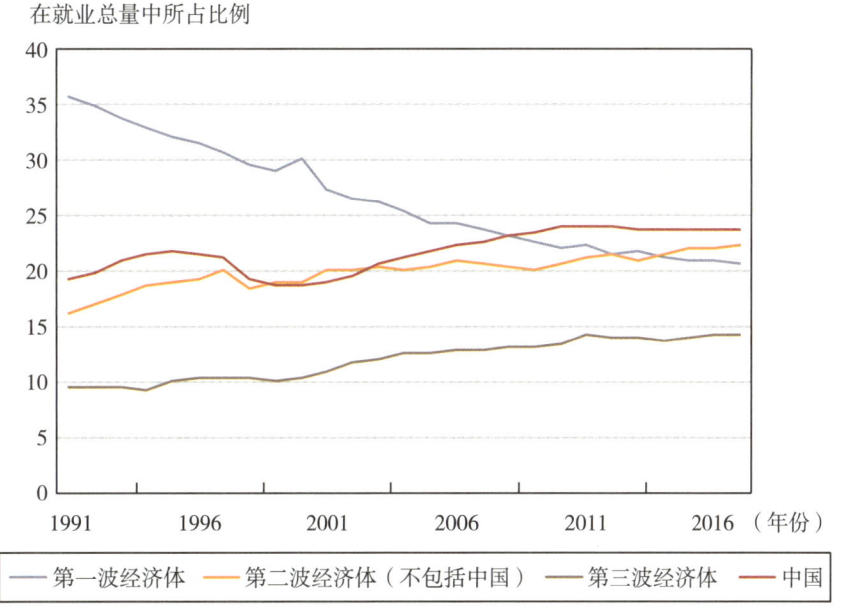

图4.2 制造业和资源行业的就业比例

注：可获取的数据结合了制造业和资源行业。
资料来源：世界银行。

展望未来，各种新技术将对不同经济行业造成影响。所有东亚经济体（尤其是第三波经济体）在维持制造业对创造就业机会和提升工资水平方面将面临进一步挑战，而制造业对于各国保持经济增长而言发挥着重要作用。随着自动化、人工智能（AI）和3D打印的发展，生产过程将变得更加复杂，甚至在概念和生产之间，以及不同生产阶段之间的界限也将变得越来越模糊。数字技术的发展以及有利的基础设施，将缩短全球价值链（见图4.3）（德勤，2016年）。随着机器人和人工智能的发展，制造业的劳动强度将会大幅下降。由于技术进步十分迅速，必须加快重新配置基础设施和配套产业以支持制造业生产的速度。放眼全球以及东亚区域，发达国家的受益程度将高于新兴市场经济体。更多定制产品压缩了生产过程，因而成为了对生产进行（重新）集聚的经济诱因。比较发达的国家由于拥有更多的技术工人和工程师以及实物资本、更好的基础设施以及更高水平的国际连通性，将比新兴市场经济体更占优势，而新兴市场国家在某个或多个领域往往存在巨大差距。尚未准备就绪的"第三波"东亚经济体可能会陷于被"锁定"为低增加值的任务或价值链上游的商品供应商（WTO，2017年）。

---

[43] 例如，柬埔寨在建筑业和旅游业的多元化发展中取得了适度进展，而老挝和缅甸还在继续发展自己的农业和资源行业。

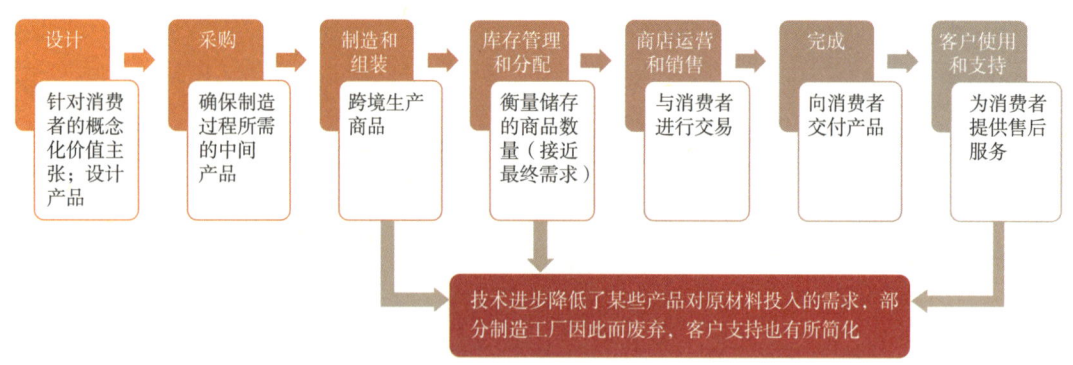

图4.3 典型价值链和技术的影响

资料来源：德勤（2016年）、AMRO。

以下关于汽车行业、纺织品、服装和鞋类（TCF）行业的案例研究对本区域两个重要的制造业的发展进行了比较和概述，并阐述了技术如何影响这些行业和就业前景。研究结果表明，对于那些在培养技能型劳动力以及提高吸收和应用新技术能力方面远远落后的国家而言，它们在追求持续增长和保持发展韧性方面最容易受到不利影响。

专栏 G

汽车行业：破坏性技术对欠发达经济体的不利影响

汽车行业在经济活动和就业方面发挥着重要作用

汽车行业对于东亚地区极为重要。+3国家（包括中国、日本和韩国）是全球范围内的主要生产国，而某些东盟国家的生产有助于满足国内需求并创造就业机会。中国和韩国的汽车产量位居全球前十，泰国和印度尼西亚也拥有重要的生产环节，马来西亚、越南和菲律宾也有较小规模的生产，主要用于国内销售（见图G1）。虽然中国几乎所有汽车产品都是为了满足国内需求，但中国本身在全球需求量中占据着较大份额，也贡献着全球近1/3的产量，这就意味着中国可以被视作全球参与者，虽然大部分车辆均由驻中国的外资汽车制造商生产。日本和韩国的情况则存在一些差别，它们生产的成品大约有一半用于出口。而且，大多数韩国和日本的汽车制造商在美国、中国和其他地区都设有生产工厂，以降低成本并贴近市场。对于较小的东盟经济体而言，印度尼西亚和马来西亚生产的汽车大多用于满足国内需求，而作为区域汽车生产中心的泰国，出口量在其生产总量中也只是刚刚过半而已。汽车行业是东盟中等收入经济体的主要就业来源。国际劳工组织（ILO）报告称，东盟汽车行业的就业总人数达800 000人，集中分布在泰国和印度尼西亚（见图G2）。

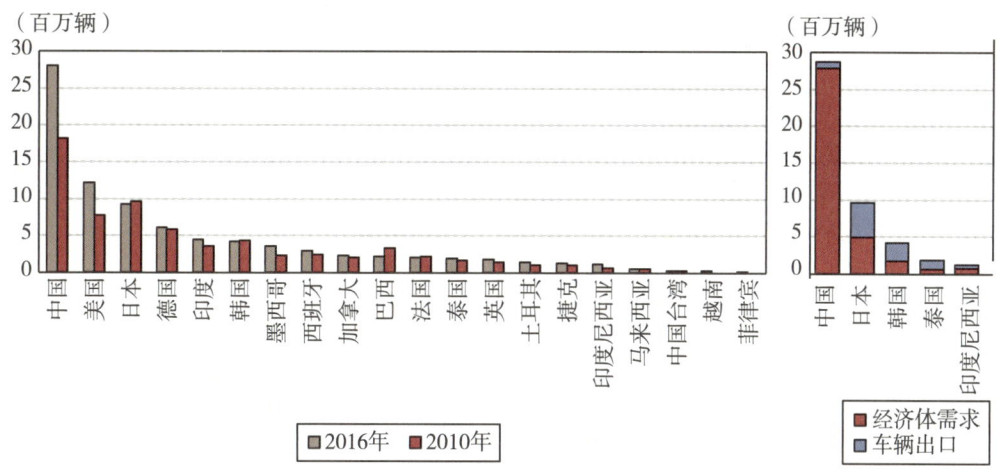

图G1　汽车产量

注："+3"国家（截至2017年11月的数据）、印度尼西亚（2016年）、泰国（2014年）

资料来源：www.oica.net、www.indonesia-investments.com、Thailand Board of Investment

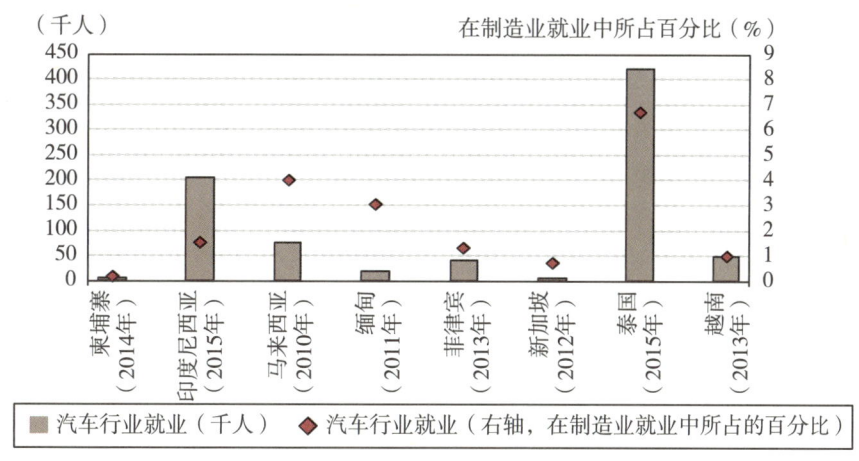

图G2　汽车行业的就业情况

资料来源：国际劳工组织。

不断增加的资本密集度和快速的技术变革将威胁欠发达国家

纵观全球，汽车生产的资本密集度和技术密集度越来越高。事实上，汽车行业涉及到的技术应用较其他行业要多，如工业机器人、厂内"物联网"以及3D打印等技术。工业机器人的存量主要集中在运输行业和汽车行业。据国际机器人联合会（International Federation for Robotics）估计，韩国的汽车行业在工业机器人领域处于领先地位，其次是美国和日本。中国虽然处于落后状态，但正在迅速追赶（见图G3）。此外，用于汽车生产的材料也不断改进，目前的趋势是采用更为轻质的材料来提升燃油效率，这涉及更加复杂的生产工艺。汽车生产的特性也在变化。汽车变得越来越复杂，具有更多功能并使用更多的数字技术。

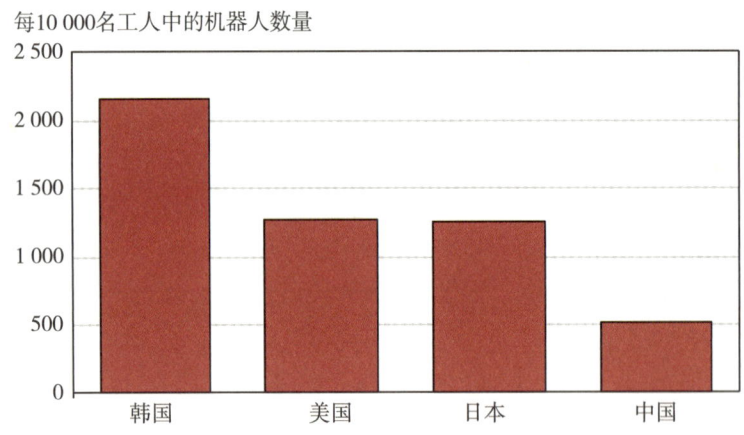

图G3 汽车行业的机器人密度

资料来源：国际机器人联合会，《世界机器人发展报告（2017年）》。

汽车行业技术转移本质上对欠发达国家具有不利影响，这是因为欠发达国家常常将低成本劳动力作为主要竞争优势。过去几十年发展起来的商业模式一直是发达经济体承担研发和设计职能，而较低成本的经济体则承担更具劳动力密集特征的生产职能。但是世界银行指出，鉴于汽车、电子产品和重型机械属于生态系统密集型行业，因为这些行业需要供应商集群紧密合作才能适时提供零件和服务，因此工业机器人的发展会对低成本国家的劳动力密集型组装地点构成威胁。这些变化将以两种方式对欠发达国家产生影响：第一，减少汽车行业的就业机会；第二，生产活动可能向发达国家或最终需求市场转移。

"第一波"东亚经济体占据了优势，但东盟经济体需要提高产能

中国、日本和韩国的优势相对明显，因为事实证明它们有能力开展资本密集且规模化操作，可以进行先进复杂的生产。新技术和新商业模式可能会给东盟生产国带来更大的挑战，如印度尼西亚、马来西亚、菲律宾和越南，其次是泰国。它们的生产规模较小，因此边际成本较高。更为重要的是，它们在国内市场的竞争能力主要基于较低的国内劳动力成本，以及较高的汽车进口关税。

随着汽车行业不断向新型车辆发展（电动车和自动驾驶汽车），东盟生产国将需要提高自身产能，以及技术和人力技能，以保持竞争力。为了制造出技术更为复杂的汽车产品，丰田或现代等原始设备制造商都面临着升级自身生产平台的压力，这需要增加对新资本的投资，以及分析先进工程和其他新技能的可用性。[44] 业界以及世界银行和国际劳工组织最近的研究一致认为，未来自动化和其他新兴技术可能会使得全球汽车行业发生颠覆性变化。汽车行业将向日益复杂的资本密集型生产模式转变，将减少就

---

[44] 许多经济体均存在这种情况。以泰国为例，该国是工业机器人的大型采购国之一，也正在努力建设电动汽车产能。

业机会,并对劳动力素质和企业能力提出新的要求。这些因素以及集群重要性的提升、客户和运输基础设施的接近程度等,也将对汽车行业的全球价值链的性质产生影响,使得未来的生产在集聚程度上有所提升。为了在竞争中生存,东盟生产商不得不提高技术以及人力技能。

专栏H

纺织品、服装和鞋类行业:是新兴经济体的增长引擎,也是提升能力的机会之窗

纺织品、服装和鞋类行业一直是东亚新兴经济体的重要经济引擎

纺织品、服装和鞋类行业是东亚区域等新兴经济体的重要经济发展引擎,既创造就业机会又提升技能和收入水平。本区域的生产主要由第二波和第三波经济体主导(见图H1)。截至目前,中国是东亚地区最大规模的纺织品、服装和鞋类出口国,2017年的出口额超过3 200亿美元(与此同时,大部分产品仍用于国内消费)。就绝对出口值而言,越南位居第二(2016年的出口额为400亿美元),但纺织品、服装和鞋类行业占商品出口总额30%左右的份额。相比之下,柬埔寨的纺织品、服装和鞋类绝对出口额更小(约为100亿美元),但在其制成品出口总额中占据90%的超大份额。[45]在就业方面,国际劳工组织估计,纺织品、服装和鞋类行业在东盟创造的就业岗位超过900万个,其中印度尼西亚超过350万人、越南超过250万人、柬埔寨为60.5万人。

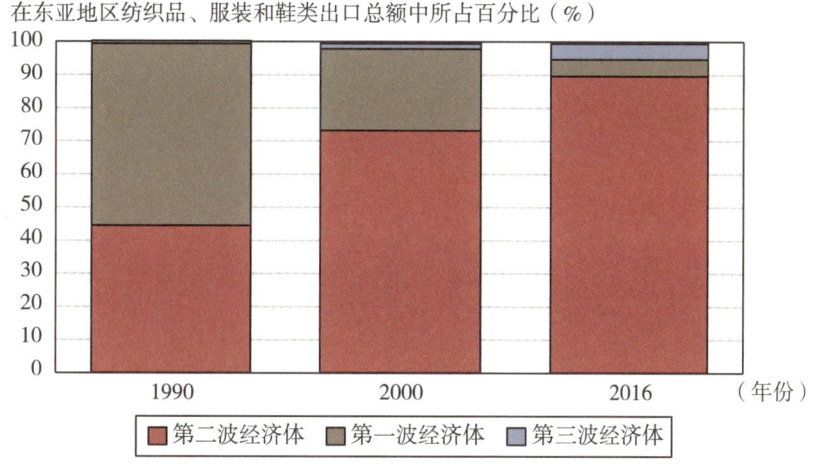

图H1 东亚地区纺织品、服装和鞋类出口

资料来源:世界综合贸易体系(World Integrated Trade System)、世界银行、AMRO计算。

---

[45] 除越南、柬埔寨和中国外,东亚区域经济体的纺织品、服装和鞋类出口并未表现出强劲增长态势,这表明纺织品、服装和鞋类作为增长引擎的重要性在大多数情况下已经逐渐消失。

新技术以及不断变化的消费者偏好对低成本模式构成压力

各种技术的发展以及不断变化的消费者偏好，给东亚区域经济体的低成本纺织品、服装和鞋类生产模式带来压力。例如，鞋子的自动剪裁、机器人缝纫和3D打印，以及随着不断变化的偏好，围绕服装环境属性和大规模的定制。在纺织品、服装和鞋类行业的某些领域，"快时尚"和快速投放市场正在成为重要考量因素。

目前，由于技术限制和经济激励措施，自动化对纺织品、服装和鞋类行业的干扰仍有限，而技术水平较低的工作人员和技术准备较差的经济体需提升自身能力。事实上，世界银行（2018年）的数据表明，工业机器人当前在这些子行业中的渗透率处于最低水平，[46]每1 000名工人中只有不到0.1个机器人，而在汽车行业中，每1 000名工人里有大约50个机器人。自动化仍然处于初期阶段，一些相对基本的程序（例如，插入鞋带）还是需要人力完成的。

第三波东亚区域经济体的战略是：首先提供低成本劳动力，逐渐提高技能水平，然后针对经济发展基础开展多样化进程。人们普遍担忧的是，新技术会对纺织品、服装和鞋类行业产生更多的破坏性影响，并有可能渐渐破坏这种发展战略。例如，工人可能会被定制剪裁材料以及自动化缝纫工艺的技术取代。中国已经在自动化方面进行了大量投资，以应对成本上升的压力，将纺织品、服装和鞋类行业生产基地从中国转移至东亚地区的低成本区域的趋势可能比过去要弱。据国际劳工组织估计，自动化会对许多东盟经济体（特别是柬埔寨）的大部分纺织品、服装和鞋类劳动力带来影响（见图H2）。此外，发达市场中纺织品、服装和鞋类公司业务模式的新兴变化可能会削减较低成本国家的产量。[47]与其他行业一样，生产技术更为自动化，同时需要快速投放市场，这可能会削弱成本低但位置偏远的生产地点的吸引力。这些技术会减少纺织品、服装和鞋类行业对许多新兴经济体的贡献，包括东亚地区的新兴经济体。这可能会削弱"第三波"东亚经济体"利用纺织品、服装和鞋类行业吸引外国直接投资、创造就业机会以及逐步提高工资和技能"的战略。

---

[46] 资料来源：《制造中遇到的麻烦？制造业主导型发展的未来》，世界银行，2018年。

[47] 举例来讲，阿迪达斯已经设立了两家快速加工厂（分别位于德国和美国），它们采用3D打印技术可以每年各自生产出500 000双运动鞋。为了实现这种技术转移，阿迪达斯在越南裁减了1 000个工作岗位，并将在安斯巴赫及亚特兰大分别设立160个技术岗位。虽然就规模而言，此阶段的努力更像是一场实验，但它表明，有必要为未来大规模定制环境下可能导致的技术威胁做好准备。

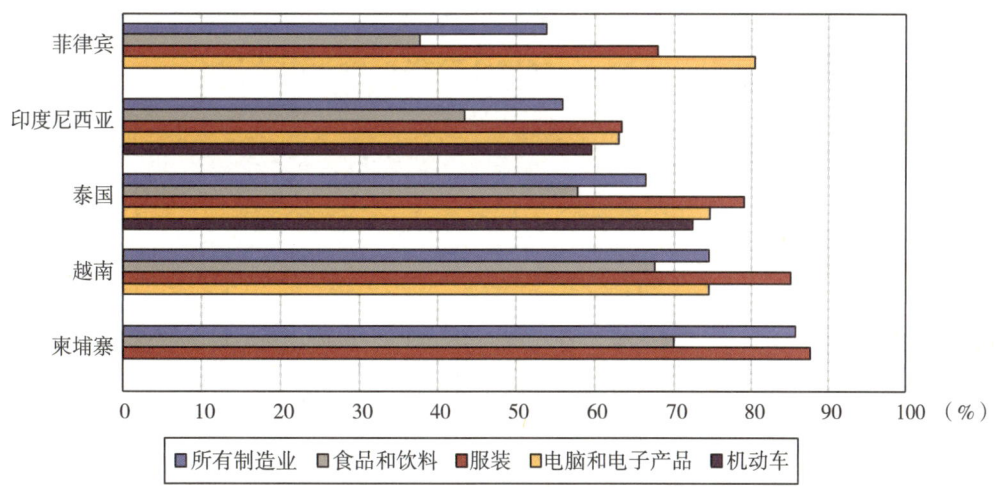

图H2　纺织品、服装和鞋类行业的就业比例受到自动化威胁：部分东亚区域经济体

注：国际劳工组织提供了估计数据，用以评估自动化可能取代工人的程度，以及工程设计的快速发展对这些工人产生的影响。假设决策者会采取预防性和主动性措施来战略性地改变这些工人群体，帮助其跟上技术进步的步伐，那么上述的"最不乐观的情况"基本不会发生。在成功实现这一目标的过程中，这些经济体甚至可以超越其他经济体并获得新的竞争优势。就当前而言，我们用服装制造业受到影响来作为对纺织品、服装和鞋类这些制造业所受影响的估计。

资料来源：国际劳工组织（2016年）。

简要的概括，各经济体面临的技术挑战包括如何快速创建技术吸收能力，以及如何明智而审慎地控制采用技术的步伐，从而使生产率提高带来的经济收益不会被对就业和收入的负面影响所抵消。对于那些与前沿技术差距较大，人口呈现年轻化，规模不断扩大并且仍处于技能提升初期阶段的经济体来说，这一点至关重要。这一过程的复杂性在一定程度上受到经济体经济结构的影响，包括经济在多大程度上能够逐渐从劳动密集型和低技能型生产转变为资本密集型和高科技型生产，这可从汽车行业与纺织品、服装和鞋类行业的对比结果就可以看出。

五、服务业：增长和就业的新引擎

服务业对于东亚区域的增长和就业的贡献大，且所占比例在不断上升

由于技术对出口型制造业战略构成挑战，各大经济体将服务业视作推动增长和就业的替代引擎。总的来说，服务业的贡献比例随着时间的推移在不断上升，如今在东亚地区许多经济体的GDP和就业中所占比例超过一半（见图5.1），这与全球趋势大体一致。服务业贸易在不断增长，自20世纪80年代以来，在全球出口总额中所占比例越来越大（见图5.2）。世界贸易组织和经济合作与发展组织的数据表明，从附加价值的角度来看，服务业在全球出口总额中所占比例自20世纪80年代以来一直保持在20%

左右，该数据从不足30%增长至40%以上（WTO，2017年）。从部分东亚经济体（见图5.3）可以看出，服务业在出口总额中所占比例从30%增长至50%。

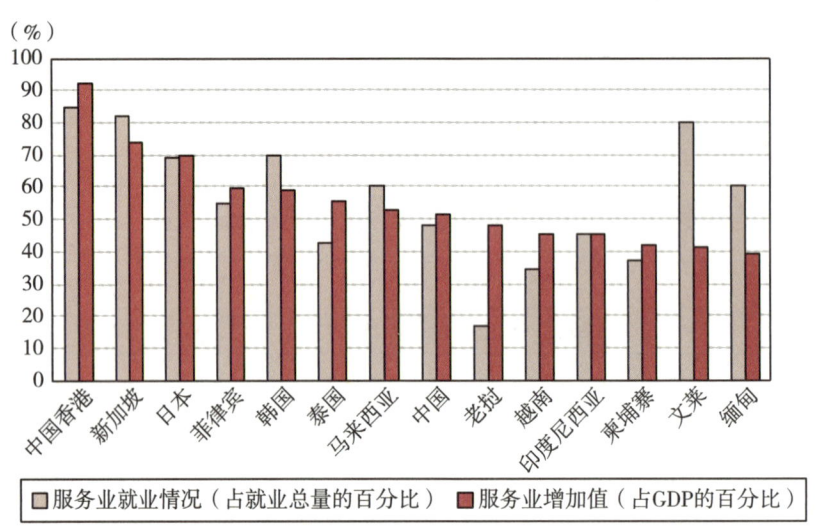

图5.1 服务业在国内生产总值和就业中所占份额：东亚区域经济体，2016年

注：日本服务业在GDP中所占份额的数据为2015年数据。
资料来源：世界银行。

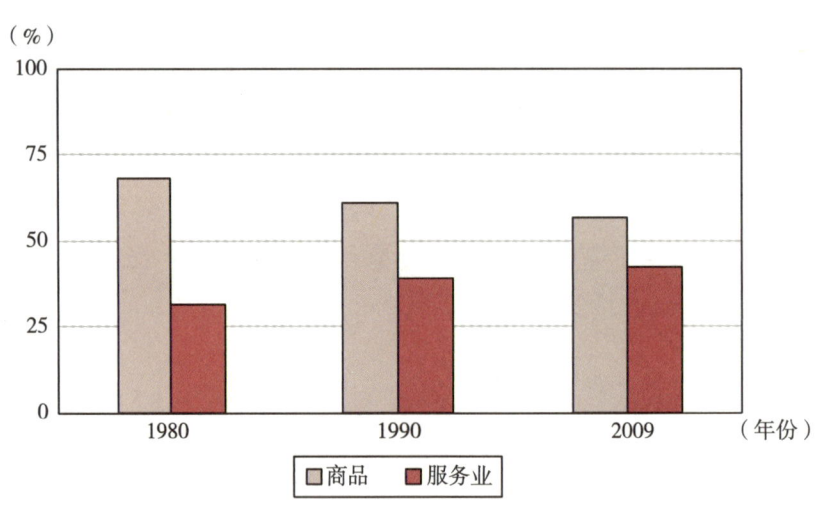

图5.2 全球商品和服务增加值出口额

资料来源：世界贸易组织，《全球价值链发展报告》（2017年）。

服务业存在的一个传统问题是，虽然它吸收了劳动力，但与制造业相比，它的生产率水平并不高。尽管服务业的多样化程度不低，但许多服务业子行业被普遍认为工作质量低下，生产率和工资水平也较低，提升技能的机会有限，且行业内部及行业之间的流动性差（国际劳工组织，2016年）。人工清洁服务、保安员、接待员和销售工作以及送货服务就是很好的例子。服务业的增长与整体生产率的增长无关，而是受不断增长的服务需求推动，这涉及从制造业转向服务业的可用劳动力。服务需求缺乏价格弹性，再加上服务业生产率较低，经济体的整体生产率和增长可能会被拖累（Baumol，1967年）。

服务业的生产率之所以低下，在一定程度上是因为它不可交易，也缺乏标准，这两种性质意味着服务业不受标准化生产的国际竞争和规模经济所影响。但是，技术使服务更易于交易和商品化，而且有可能提高生产率。例如，过去几十年里的信息通信技术（ICT）革命，促进了业务流程外包（BPO）服务行业的发展。电信成本大幅下降，使得劳动力成本较低的国家能够以更低价格对国外提供这类服务，从而使发达经济体和拥有必要技能型劳动力的新兴经济体受益。无论是成本原因或需要面对面交流的原因，以前只能在国内提供的客户服务中心、会计和其他类型专业服务，如今可以跨国提供并参与国际竞争。专栏I的菲律宾的业务流程外包行业阐述了技术进步为业务流程外包服务交易化创造了机会，而加入这个行业的重要先决条件是菲律宾劳动力拥有这些技术。

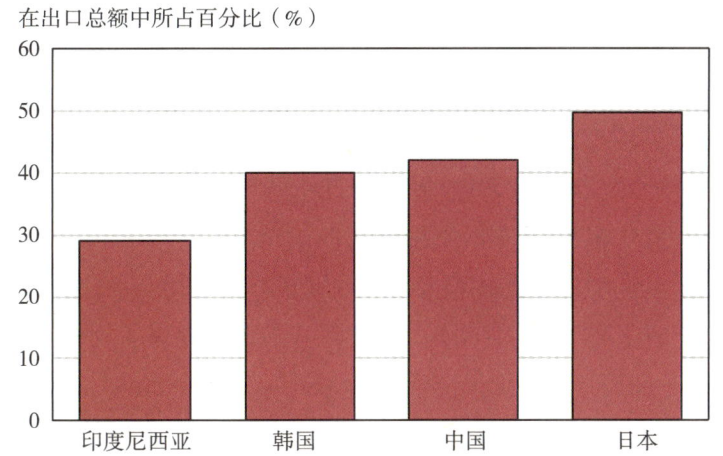

图5.3　东亚区域经济体增值服务业在出口总额中所占比例（2011年）

资料来源：经济合作与发展组织的增值贸易数据库。

专栏I

业务流程外包和一般服务：菲律宾的经验表明，增强未来竞争力需要提高劳动技能

信息通信技术革命扩大了可交易服务的范围

信息通信技术革命让菲律宾受益匪浅，该国的服务业如今在出口总额中占据大约40%的份额（与印度类似），在很大程度上受服务外包行业推动（见图I1）。业务流程外

包行业雇用了100多万名工人，工人的工资比全国平均水平高出3~5倍。在过去的十年里，从客户服务中心扩展为具有更广泛功能和更复杂服务的行业。[48]

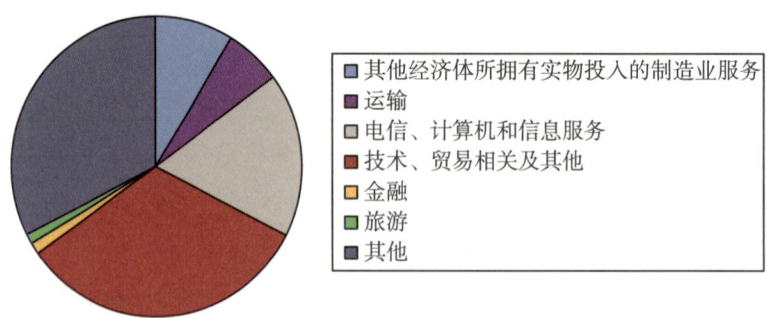

图I1 菲律宾服务出口额细分

资料来源：菲律宾政府。

菲律宾的服务外包行业正遭到颠覆性技术的破坏

业务流程外包等商业服务也面临技术的影响。尽管菲律宾的业务流程外包行业仍然呈现出良好的发展态势，但该行业即将面临挑战，因为技术在逐渐侵蚀当前的价值定位。新技术正蓄势待发，准备消除多个客户服务中心的工作岗位以及转变其他工作岗位。支持人工智能的软件或机器人可以快速执行任务，全天候工作并产生高质量的结果。这项技术可以激励企业将其外包的服务自行消化。与其他行业的自动化技术一样，日常的重复性工作面临的威胁最大。国际劳工组织（2016年）估计，菲律宾业务流程外包行业里高达90%的工作岗位有可能受到自动化的威胁，而其余的工作岗位则需要更高级别的技能。

技术的快速进步也能为菲律宾和其他国家创造机会

服务业技术的快速进步也会带来机遇，但需要发展新技能才能提供更高增加值的服务。例如，支持"业务流程即服务（BPaaS）"的云技术的出现带来了发展机遇，它打开了中小企业市场，因为它可以采取更加量身定制的方式来购买业务流程外包服务，同时降低固定成本。此外，技术还允许业务流程外包提供商提供新的服务，以防止其现有业务受到侵蚀。例如，国际劳工组织指出，一些企业正在转向"知识流程外包（KPO）"，如"欺诈分析、数据集成、项目管理、研发、兼并与收购评估，以及医学图像分析"。对于东亚地区的发达和新兴经济体而言，未来发展方向必须包括快速提升人力资本和企业创新能力，以提供新类型服务。

---

[48] 其中包括后台支持、数据转录、动画和软件开发。

技术还促进了识别以市场为导向的服务需求,然后利用技术为消费者提供更高效、更便宜和更加可预测的服务。这种所谓的服务"优步化",虽然可能对当前的服务提供商造成潜在威胁,但会促使经济体内市场引入竞争,从而提高生产率,例如出租车服务和旅游住宿等。此外,通过向最终消费者提供定制商品和服务,"优步化"可以创造出新的服务需求,并支持中小型企业的发展。近期文献有一些示例,涉及小型制造商租用设备并以优步的方式购买一系列服务,虽然这些企业由于成本原因未能进入制造业,但却能为消费者生产高度定制的产品(Sheng,2017)。除此之外,大数据分析等数字技术的应用也可在多个业务领域为制造公司提供帮助,包括从预测需求、调整库存、识别生产瓶颈和减少浪费(MAS,2018)。在经济体的各个行业,初创企业都可能成长为大公司。举例来讲,欧洲廉价航空公司瑞安航空公司(Ryanair)和印度移动服务提供商Airtel这两家公司的业务模式均利用新技术替代过时的购买或使用体验,或者节约多余的费用(Ersek、Keller & Mullins,2015)。

在新技术的支持下,效率更高且更具竞争力的服务业对制造业也有积极的溢出效应,并且加强了出口型制造战略(WTO,2017年)。支持制造业出口的服务行业包括研发、运输和物流、运营以及市场营销和销售行业(见图5.4)。此处提及的服务业创造的就业机会指技能型就业机会,生产率的提升促进了工资上涨,这样提供就业机会,是一种进步。这有别于传统概念,在传统概念中,服务业生产率低,工资水平也不高。[49]

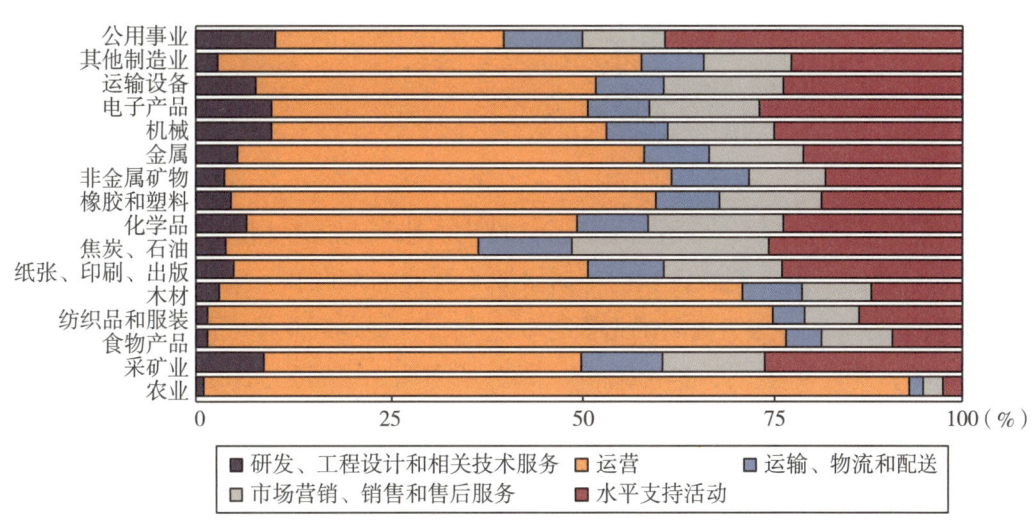

图5.4 出口型制造业的工作岗位(按行业和业务职能划分)

资料来源:Miroudot(2016年)。

---

[49] 技术也会创造出非标准的就业机会或者"零工经济"就业机会,一方面创造出更多的就业机会,但另一方面又带来了就业保障和社会保险协议项下承保率的挑战(国际劳工组织,2017年)。

与制造业类似，服务业越来越需要大量的知识型员工，而低技能工作岗位也因技术变革受到自动化的威胁。据国际劳工组织估计，在酒店、银行零售贸易和客户服务中心的大量服务型工作岗位存在被自动化取代的风险（见图5.5）。因此，为了最大程度地提升服务业所带来的潜在收益，把服务业作为增长和就业的驱动因素，就需要进行人力资本投资，提升劳动技能。为此，日本等"第一波"经济体协力提升服务业生产率时采用了高度自动化的方法，但零售业等一些服务行业还有较大改进空间。

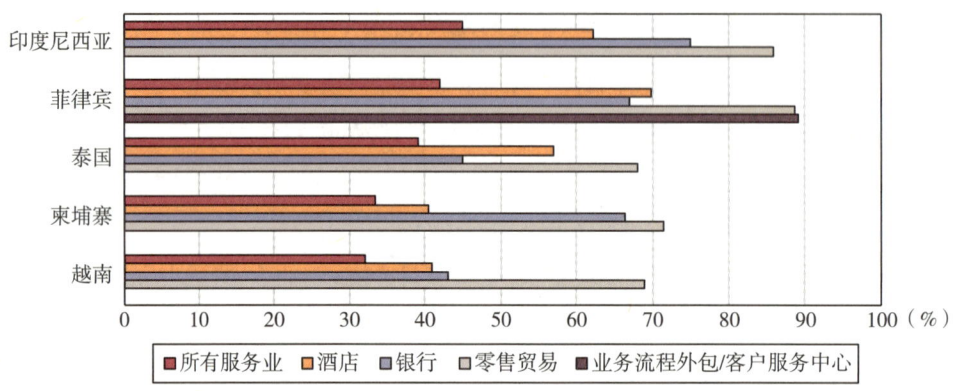

图5.5 面临较高自动化风险的服务业各子行业，其工资和受薪就业份额

注：国际劳工组织提供了估计数据，用以评估自动化可能取代工人的程度，以及工程设计的快速发展对这些工人产生的影响。假设决策者采取预防性和主动性措施，来战略性地提升工人技能，帮助其跟上技术进步的步伐，那么上述"最不乐观的情景"基本不会发生。在成功实现这一目标的过程中，这些经济体甚至可以超越其他经济体并获得新的竞争优势。

资料来源：国际劳工组织（2016年）。

不断增长的区域内需求可以带动服务业需求。

在刺激区域出口方面，与不断增长的区域内需求所起的作用类似，不断增长的服务需求（如旅游业）也会刺激区域内不同服务子行业的发展和升级。旅游业主要受区域内游客流量的推动，成为重要的增长行业之一，特别是近几年中国的出境游客数量大增（AMRO，2017年）。正如本报告第一部分所强调，中国公民在该区域的出境旅游增长迅速，为东盟经济体的服务业发展提供了动力，也成为外汇收入的重要来源。这符合预期，在未来几年里，旅游业将在许多东亚经济体的服务出口总额中占据重要份额。专栏J探讨了旅游业作为东亚地区增长和就业驱动力的潜能。在政府的推动下，旅游业可能成为坐拥自然和文化旅游资源的东亚"第三波"经济体的增长、就业和工资收入的强劲引擎，这可以在劳动力仍呈现增长态势时创造服务业就业机会，通过额外的增长动力来提升经济体的弹性，虽然这些经济体已开始融入该区域的制造业全球价值链。该行业还为其他经济体提供积极溢出效应，例如泰国的旅游业。对优质旅游服务的需求不断增长，以及技术的快速进步也会带动本区域旅游业实现升级、扩张和专业化目标。

专栏 J

旅游业作为东亚经济体增长推动因素：处于发展阶段并且面临挑战

本专栏探讨了在过去的20年里，多个东盟国家将旅游业发展成为越发重要的增长和创造就业因素。展望未来，旅游业对经济的贡献将继续强劲。在过去的20年里，旅游业对全球经济的贡献比例有所增大，重要性也有所提升。总的来说，旅游业对于全球GDP和全球就业来讲，估计贡献比例合计超过11%（见图J1）[50]。

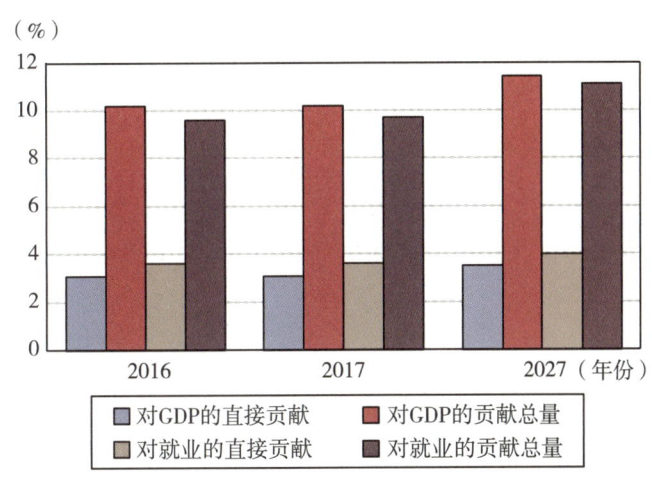

图J1 全球旅游业的预计经济贡献

资料来源：世界旅游业理事会（2017年）。

"第一波"和"第二波"东亚经济体的旅游业均有所发展。

在全球范围内，一些宏观经济趋势表明，旅游业维持着跳跃式发展：全球中产阶级人数不断上升、消费者偏好不断变化、交通得到改善，并且各经济体对创造就业的诉求迫切。

尽管受到全球金融危机和欧洲主权债务危机的影响，全球中产阶级仍然呈现出大幅增长态势，消费者偏好有所转变。全球中产阶级人数在2000~2015年期间翻倍。预计到2030年，相应的消费支出将从2015年的35万亿美元增长至64万亿美元（见图J2）（Kharas，2017）。可支配收入水平有所提升，更多人有条件外出旅行（全球旅游经济研究中心，2016年）。

---

[50] 直接贡献的关键要素包括住宿、交通、娱乐消遣、食品和饮料服务，以及零售贸易；间接贡献的关键要素包括私人投资支出和国营部门投资支出、从供应商处采购所得，甚至是旅游业工人对食物、衣服和住所的基本需求。

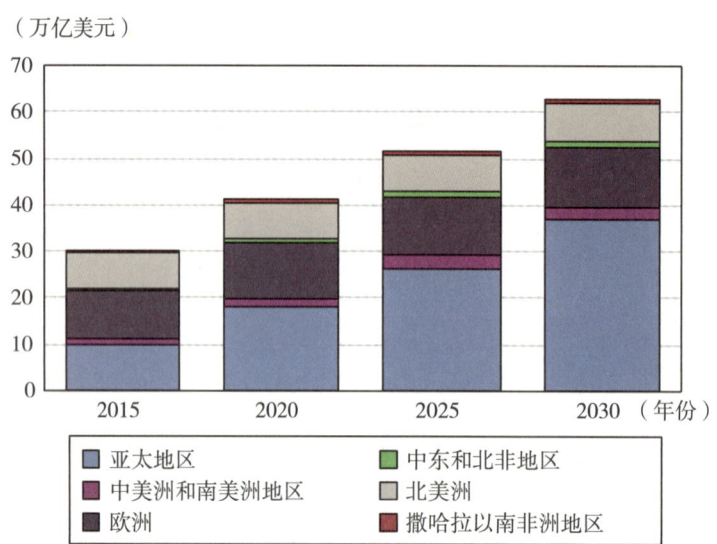

图J2　全球中产阶级的预计消费支出（购买力平价，以2011年万亿美元为基准）

资料来源：Kharas（2017）。

自2009年以来，除了亚太地区出境游实现大幅增长之外，区域内旅游的增速超过区域外旅游（见图J3）。消费者偏好也一直在变化，文献中的多项研究（例如，Kharas，2017年；世界旅游业理事会；Best，2015年；以及TravelRave，2013年）表明，来自新兴市场的新兴中产阶级成员和来自发达国家的老年人的需求均有所变化，从基本商品和标准化服务转向新体验和定制服务。

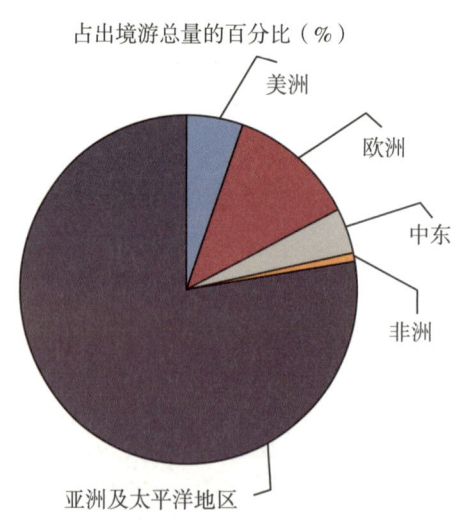

图J3　出境旅游的构成：亚洲及太平洋地区（2016年）

资料来源：全球旅游经济研究中心（2017年）。

国内基础设施和跨境连通性的巨大改进（见图J4）也是关键的促成因素。空运、铁路和公路运输都变得更加高效和顺畅，成本也不断减少，这在一定程度上归功于竞争和技术。由于交通运输网络在各国之间和国家内部变得更加密集，旅行变得比以前更具吸引力。这些改变使得旅游业自然而然成为收入增长的途径之一，可满足这些新的消费者偏好。同时，与全球其他地区一样，多个东亚经济体迫切需要为大量人口创造就业机会。

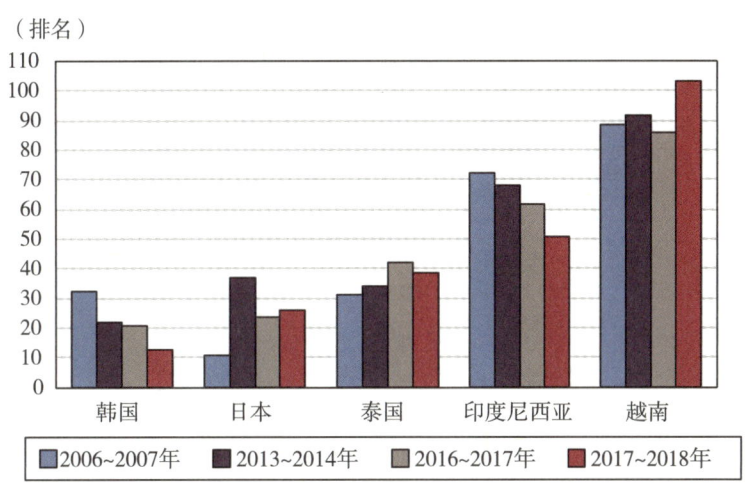

图J4　国内基础设施和航空运输基础设施的质量：部分东亚经济体

注：2006~2007年（共125个经济体）、2013~2014年（共148个经济体）、2016~2017年（共138个经济体）、2017~2018年（共137个经济体）排名。

资料来源：世界经济论坛。

在利用旅游业刺激增长方面"第二波"经济体做得很好

尽管"第一波"经济体在基础设施和连通性方面表现落后，但"第二波"经济体在利用旅游业刺激增长方面做得很好：包括创造就业机会，提高收入，促进其他经济行业以及全面提升增长（见图J5）。需求和供给因素都在起作用。在需求方面，游客寻求休闲、周到的服务和全新的体验。这通常不需要先进技术，也不需要高生产率劳动力来提升产出。在供应方面，多个东亚经济体的人口红利是一个重要的有利因素。泰国就是一个很好的例子：坐拥极佳的旅游景点、在酒店营销服务方面做得非常好，并且不像东亚其他经济体那样受到劳动力的限制。泰国旅游业在就业总量中占据的份额远远高于东亚地区的其他经济体（见图J6）。事实上，"第二波"经济体的年轻人越来越多，其中包括大量低技能或半熟练工人，他们愿意从事旅游业的服务工作，如导游、按摩师、接待员和服务员，以赚取体面的工资。

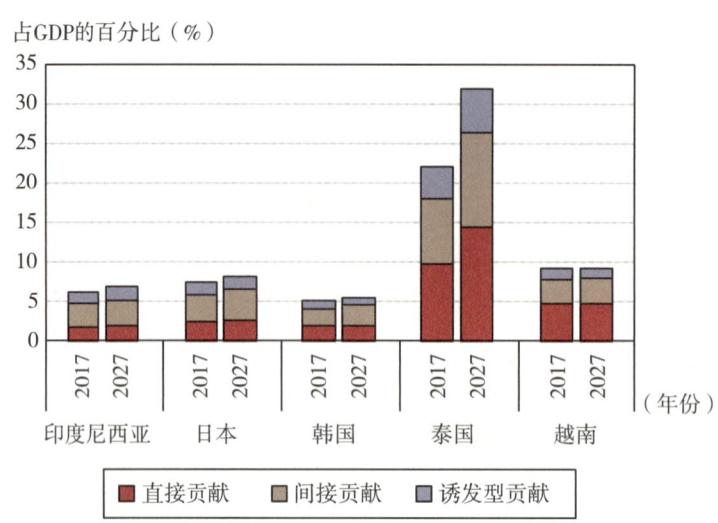

图 J5　旅游业对 GDP 的贡献：部分东亚经济体

注：间接贡献包括旅游花费支出、政府团体旅行支出，以及从供应商处采购所得带来的影响。诱发型贡献包括食品和饮料、娱乐消遣、衣服、住所和家庭用品。

资料来源：世界旅游业理事会（2017年）。

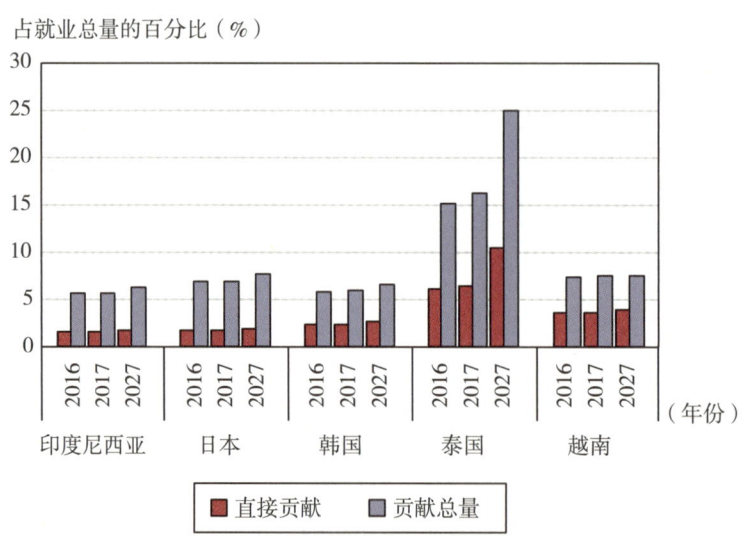

图 J6　旅游业对就业率的贡献：部分东亚经济体

资料来源：世界旅游业理事会（2017年）。

技术进步已经起到了关键的促进作用

除了大幅改善经济体内基础设施和跨境连通性之外，科技还促使亚洲的更多城市发展成为"智慧城市"。由于舒适程度更高，更容易找到饮食和娱乐消遣选项，有关住宿、休闲和医疗保健等一系列服务的成本更低，而且支付方式更加便捷，更多的游客从现金和信用卡支付转为使用数字/移动支付，这些对旅游业来说意味着极大程度的提升。各种服务的需求有所增长，这反过来又为东亚各经济体的服务业和制造业带来了就业机会。

发展机会多，更广泛的区域合作将发挥关键作用

展望未来，只要"第二波"经济体不断提升人力资本、技术和生态系统，便有大量机会进一步发展旅游业。虽然游客可能不一定需要"高科技"体验，但他们可能会需要技能型人才，因为这些人才能采用科技在最大程度上有效满足这些游客的需求。例如航空旅行，游客的偏好越发倾向于获得更加完善的机上体验，包括定制餐饮和更为新鲜的休闲活动，这可能会增加对后勤高技能工人的需求。用餐体验也是如此，需要制作高质量餐食并缩短从下单到送货之间的等待时间。"医疗旅游"则是另一个例子，游客寻求的体验可能会涉及很多领域，从医生的建议和理疗医生的治疗到等待期间的娱乐消遣及后期咨询服务。这些例子说明，将旅游业发展成为增长和就业的强劲推动力，可能需要更加先进的技术准备、高水平人力资本以及更为有效的生态系统。

扩展区域内合作可以在增强东亚各经济体旅游业竞争力方面发挥着关键作用。东盟各国已经联手采取一些联合政策行动来提升东亚地区关于游客体验的吸引力。2016~2025年旅游战略计划的覆盖范围很广，重点包括发展东盟区域走廊，吸引投资以推动旅游基础设施建设，实施旅游专业人员互认框架，促进区域内航空连通，甚至提高对环境保护和气候变化的反应能力。

六、政策建议：借由多种增长引擎增强韧性

鉴于贸易、生产和技术变化带来的挑战，建议东亚地区的单个经济体借由多种增长引擎增强发展韧性，包括不断增长的服务业。虽然"出口型制造业"战略是过去几十年来大多数东亚经济体采取的主流发展战略，但该区域其他经济体的经验表明，其他战略同样可以对增长做出重要贡献，尤其是对新兴经济体而言。菲律宾采用基于服务的增长模式，老挝、文莱和印度尼西亚则将发展重点放在资源行业上。这些经验表明，增长战略已经变得更为广泛和多样化，不局限于制造业。对于印度尼西亚、老挝和缅甸等东亚地区的部分经济体而言，资源行业将继续发挥重要作用。具体挑战在于，增强经济体的韧性，以应对全球大宗商品价格波动或者对某些制造业的保护主义。分析结果建议，这些经济体要实现经济多元化，尤其是建立充满活力的服务业，以增强发展战略（见图6.1）。

通过发展服务业和利用技术实现经济多元化，需要决策者从"生态系统"的角度处理各经济行业之间的复杂性和相互作用。例如，虽然低工资可能是吸引外国直接投资进入服装等制造业的唯一重要因素，但旅游业等其他行业的多元化需要侧重于一整套政策。对此，世界银行（2018年）指出，"就重要性而言，利用低工资生产低单位劳动力成本的做法越来越过时，应该更加重视整体生态系统"。倘若一些传统优势的有效性降低，则需要在其他领域进行投资，以使国家具有竞争力并能够吸引到外资。世界银行营商便利指数揭示了多个东亚区域经济体面临的一些关键问题（见图6.2），这包

括海关程序、港口和机场的质量与吞吐能力、商业环境的质量、运输和通信基础设施。要解决这些问题，需要综合应用一系列贸易、财政和社会政策。

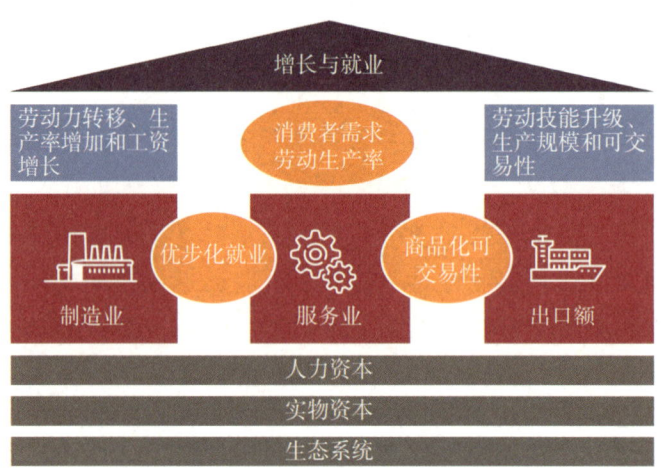

图6.1 东亚经济体增长模式图解

资料来源：AMRO。

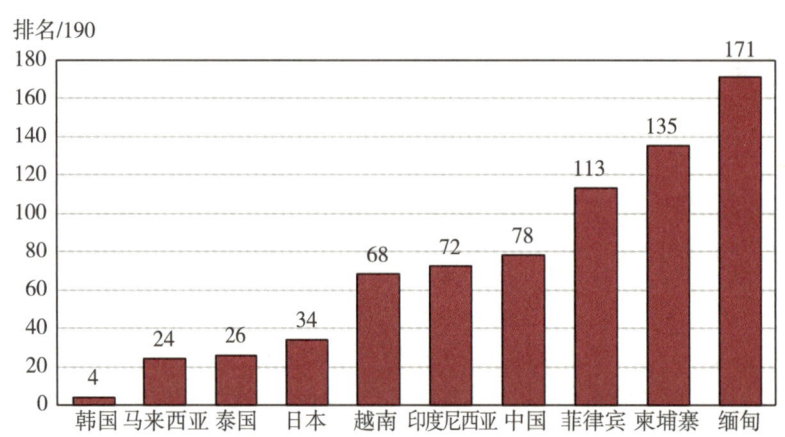

图6.2 世界银行营商便利指数：部分东亚经济体

资料来源：世界银行营商便利度，2018年。

就东亚区域而言，主要建议是加强区域内的连通性和一体化。通过完善物理基础设施和促进贸易便利化来加强区域互联互通，以此提升区域内已形成的全球价值链的竞争力。这将使得区域内的整体全球价值链更有能力抵御冲击，该区域也由此能够在最大程度上受益于"出口型制造业"战略。此外，区域内连通性的完善可促进商品和服务贸易的发展，从而满足不断增长的区域内最终需求。虽然东亚地区对全球贸易和投资持开放态度，但必须利用区域内需求，这有助于提高整个区域抵御保护主义等外部冲击的能力。

在执行这些建议时，可利用东亚地区充足的资源和发展的多元化。"第一波"经济体即日本、韩国、中国香港和新加坡是东亚地区的重要投资者。"第二波"经济体即中国、马来西亚和泰国也正在成为东亚地区的主要外国直接投资者。中国通过"一带一路"倡议为急须的基础设施建设融资（详见专栏K），泰国是湄公河地区的交通枢纽。对于这些经济体而言，随着成本的增加，东亚腹地允许将生产基地从原籍国转移到邻国。下文将对这些建议进行详细阐述。

加强区域内的连通性和一体化

贸易便利化和经济特区

虽然东亚区域通过降低关税削减了贸易成本，但通过贸易便利化仍有可能降低贸易成本并简化海关程序。就边境出口或进口成本、清关天数等指标而言，东亚经济体与其他新兴市场相比成本最低。但是仍然存在提升空间，例如提交海关的单据数量（见图6.3）。这些举措还有助于在最大程度上增加贸易收益，特别是对于全球价值链的经济体而言，贸易便利化将减少和缩短跨境中间投入品的成本及时间。

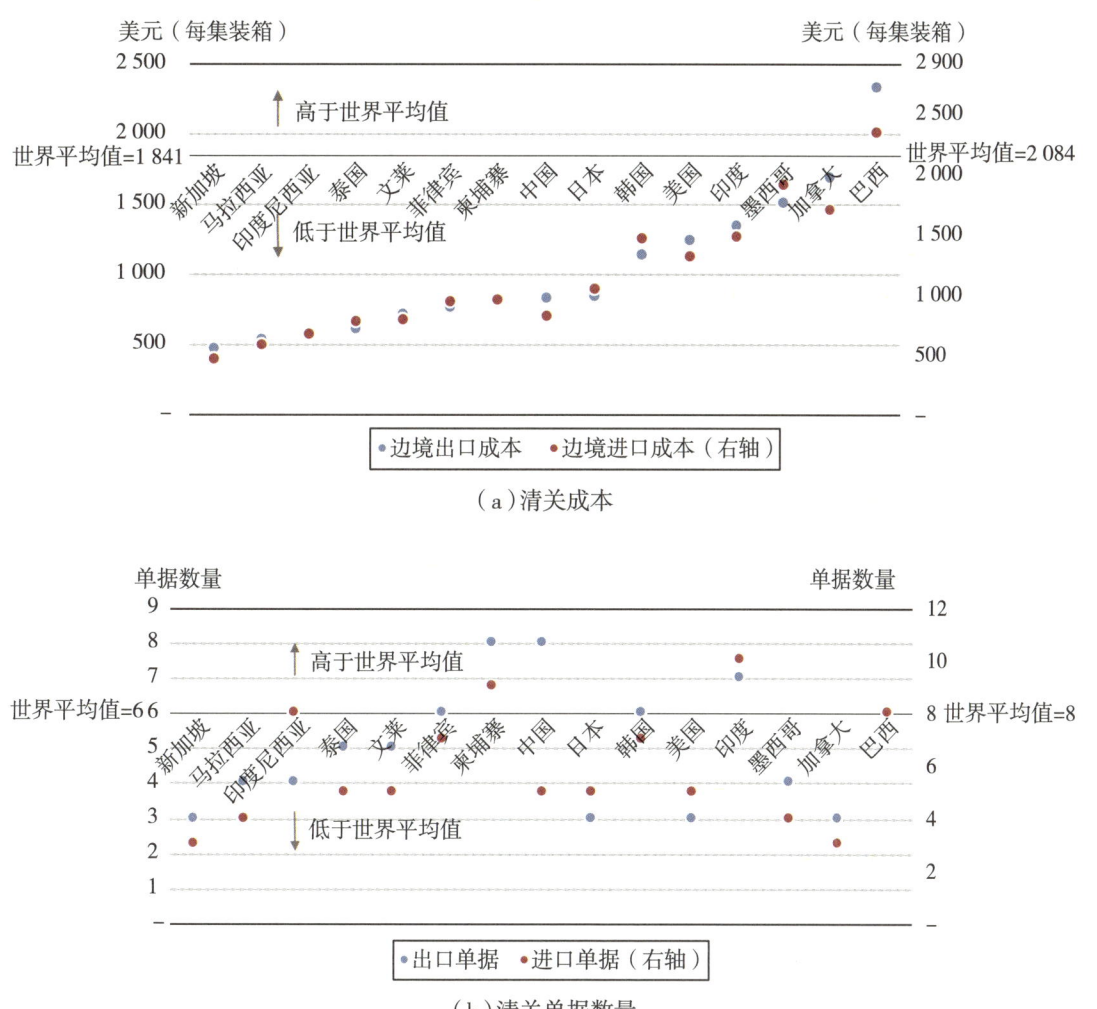

（a）清关成本

（b）清关单据数量

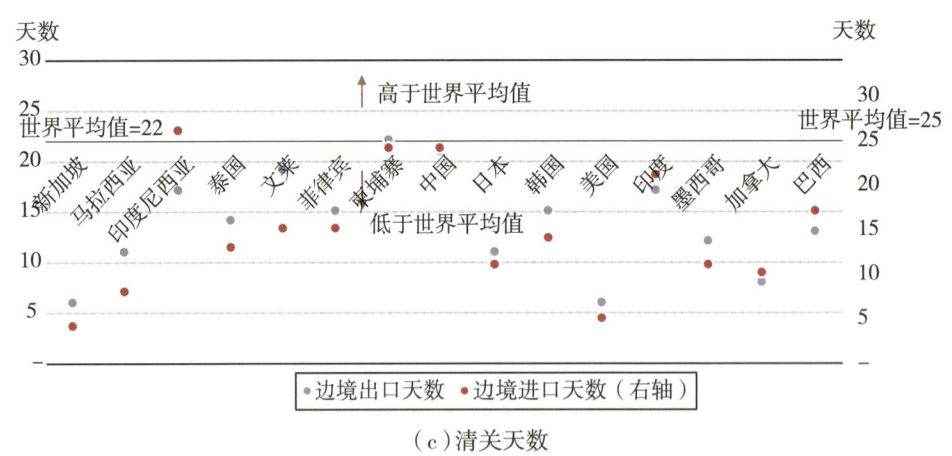

图6.3 东亚国家和选定的比较国(2014年)

资料来源：WTO（2016年）。

对于全球价值链一体化而言，降低进口成本与促进出口同等重要，在该地区建立经济特区可促进用于出口的进口中间投入品。这些经济特区可以为区域内"第三波"经济体加入全球价值链提供重要途径。柬埔寨、老挝、缅甸和泰国就选定了位于边境附近的经济特区和工业园区。例如，泰国的缅甸—北碧府土瓦（Dawei）、老挝的泰国—沙湾拿吉穆达韩府（Mukdaharn）、泰国的柬埔寨—Srakeaw Poi Pet O'Neang、泰国的清莱以及缅甸的皎漂经济特区，这些地区也靠近中国云南省。鉴于其所处的地理位置，云南省计划发展成为中国连接南亚和东南亚地区的交通枢纽。[51] 所有这些旨在促进区域价值链的发展，促进泰国和中国广西壮族自治区重工业与其邻国劳动力密集型行业的供应商之间的合作。

改善境内和跨境基础设施和连通性，对于提高出口竞争力至关重要。不同区域经济体的基础设施差距很大。亚洲开发银行于2017年估计，在2015~2030年期间，（经季节调整后）基础设施投资需求占东南亚地区年度GDP的5.7%，占东亚地区年度GDP的5.2%（见图6.4）。在这些估算数据中，低收入经济体的需求将是高收入经济体需求的数倍。

---

[51] 政府正酝酿政策，用以发展广西壮族自治区物流基础设施、经济技术开发区和省内边境经济合作区，旨在促进跨境经济活动，并将该省转变为南亚和东南亚地区的出口加工基地，同时促进中国南部地区的跨境经济活动。

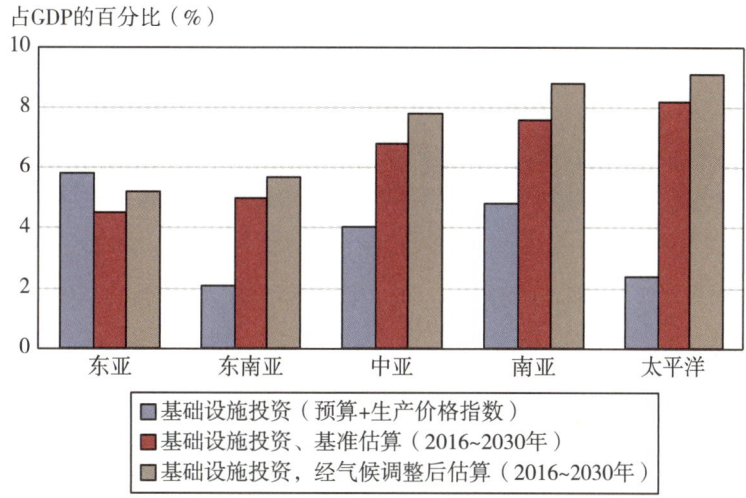

图6.4 基础设施投资需求：亚洲和太平洋地区

注：在这种情况下，东亚地区包括中国（含香港地区、台湾地区）、韩国和蒙古国；东南亚地区包括印度尼西亚、马来西亚、泰国、菲律宾、新加坡、文莱、柬埔寨、老挝、缅甸和越南。

资料来源：亚洲开发银行（2017年）。

东亚地区有充足的资源可以投资本地区，增强连通性，中国的"一带一路"倡议就是一个典型例子。如专栏K所述，东亚各经济体可以通过多个渠道从"一带一路"受益。首先，由于许多东亚经济体存在巨大的发展需求，这些经济体可以从"一带一路"对基础设施的投资中受益，包括改善能源供应、提高运输效率和改善连通性，以及促进区域一体化。其次，通过帮助填补东亚地区的基础设施投资缺口，"一带一路"还有望吸引私人资本投资基础设施。最后，中国的对外直接投资在"一带一路"国家和地区的行业分布反映了各国和地区的资源禀赋和比较优势，从而有助于弥补各国和地区差距并扩大优势。

专栏K

中国的"一带一路"倡议：不断增长的对外投资以及对东盟经济体的影响

"一带一路"倡议是习近平主席于2013年公布的一项重大举措，旨在加强中国与欧亚大陆及其他国家的区域内一体化。从地理角度来看，"一带一路"是指从中国到中亚、西亚，然后通过东欧到欧洲的传统丝绸之路沿线的丝绸之路经济带（陆路），以及海上丝绸之路（水路），即从中国沿海地区到东南亚、印度洋、中东和东非地区，再到欧洲的丝绸之路的海域。陆地和海上运输带的通路涉及大约70个国家和地区，占世界人口总数的60%以及全球GDP的30%。[52]本专栏旨在研究中国不断增长的对外直接投资

52　Chin, H., 和 He, W.，"一带一路"倡议：65个国家及地区，中国香港：Fung商业情报中心，2016年。

背后的推动力,以及对新兴和发展中东盟经济体的影响。

多年来,中国与"一带一路"倡议国家和地区之间的贸易额显著增长,并将持续增长。据图K1所示,2016年中国和"一带一路"国家和地区之间的贸易额仅为1万亿美元(占中国贸易总额的25.7%)。在2015年博鳌亚洲论坛年会上,习主席表示,由于贸易互联性和市场准入的改善,预计这一数据在未来十年内将超过2.5万亿美元[53]。与中国贸易额排名前十的"一带一路"贸易合作伙伴包括越南、泰国、新加坡、阿联酋、俄罗斯、印度尼西亚、菲律宾、印度、马来西亚和沙特阿拉伯,其中有六个国家位于东亚地区(见图K2)。

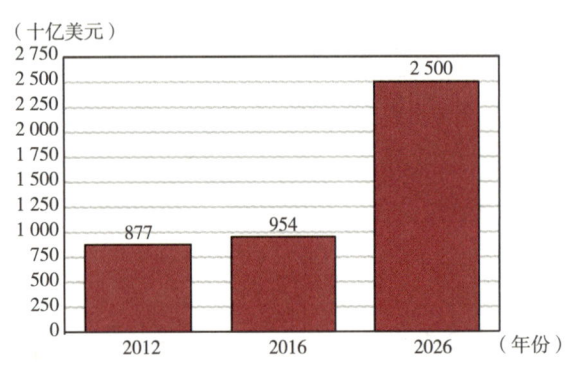

图K1 中国与"一带一路"国家和地区之间的贸易额

资料来源:"一带一路"门户网站、路透社。

图K2 与中国贸易额排名前十的"一带一路"贸易合作伙伴

资料来源:国际货币基金组织DOT。

经过40年的改革开放,中国在专业技能和财力方面积累了大量资源,可用于海外投资。由于国内储蓄雄厚,中国用储蓄投资本区域,进行生产性投资,从中受益。2016年,中国的对外直接投资首次超越了对内直接投资。据估计,中国与"一带一路"相关的对外直接投资将逐步增加,预计未来五年将投资6 000亿~8 000亿美元。[54]

按照共商、共建和共享的原则,中国正在与"一带一路"沿线的国家和机构展开合作,为"一带一路"项目筹集资金。迄今为止,已筹得2 700亿美元用于各种开发项目。自"一带一路"提出以来,中国国家开发银行已经为600多个项目提供了1 680亿美元的贷款,中国进出口银行已发放约为1 000亿美元的"一带一路"相关贷款。[55]在中国政府的支持下,新设立的丝路基金已经借出40亿美元的资金。中国引领的亚洲基

---

[53] 2015年博鳌亚洲论坛年会,地点:中国海南省博鳌,2015年3月29日。
[54] Yi, H.,《新加坡2018年峰会——"一带一路"倡议下的连通性和包容性发展》,2018年,Singaporesummit.sg。
[55] 大华银行(UOB),《中国:"一带一路"倡议及其意义》,2017年。

础设施投资银行（AIIB）于2016年年初开业，迄今已向9个项目提供了17亿美元的贷款。

加强与新兴和发展中东盟经济体的区域一体化

鉴于东盟仍然存在巨大的发展需求，这些经济体有望在改善能源供应、基础设施和连通性方面受益于"一带一路"倡议，从而促进区域一体化。中国的对外直接投资总额主要集中在能源、交通和房地产行业，中国在这三个行业的投资及施工合同累计占2005~2016年中国对东盟经济体所作对外直接投资总额的74%（见图K3和图K4）。

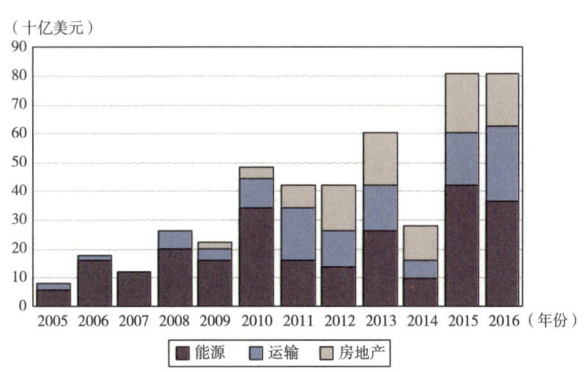

图K3 中国在东盟经济体的投资和施工合同（按行业划分）

注：此处所述"东盟"不包括新加坡；"投资"指美国企业研究所（American Enterprise Institute）和美国传统基金会（The Heritage Foundation）确定的投资和施工合同的总称。

资料来源：美国企业研究所和美国传统基金会。

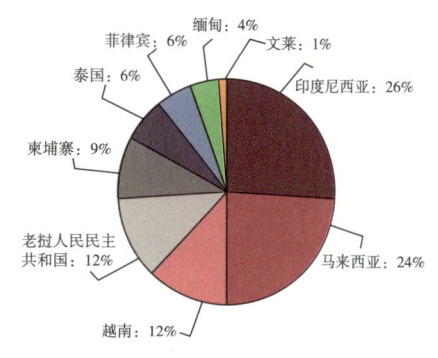

图K4 中国投资和施工合同在东盟经济体的分布（占2010~2015年累计值的份额）

注：此处"投资"指美国企业研究所和美国传统基金会确定的投资和施工合同的总称。

资料来源：美国企业研究所和美国传统基金会。

通过帮助填补东亚地区基础设施投资缺口，"一带一路"还有望通过利用私人投资获得第二层的积极影响。如图K5所示，在2017~2030期间，东盟新兴经济体和发展中国家的年度基础设施投资需求平均值估计为150亿美元。

2017~2030年模拟结果显示，与"一带一路"相关的公共投资将纳入私人投资，特别是那些投资缺口较大的国家和地区。假设"一带一路"投资有助于填补20%的基础设施投资缺口，基于牛津经济研究院（Oxford Economics）的模拟估计，在未来两年内，私人投资可能会高达GDP的0.3%[56]，菲律宾和印度尼西亚的私人投资效应最为显著，它们的投资缺口也是东盟四国经济体中最大的（见图K6）。

---

[56] 由于牛津经济研究院使用供应方面的因素确定长期国内生产总值，而我们只关注了需求方面的因素，因此，我们采用头年的动态情况来研究"一带一路"倡议投资的挤入效应。

图K5 东盟经济体的基础设施建设需求（2017~2030年）

注：数据指东盟新兴和发展中经济体，不包括老挝和越南。2015年之后的数据为估计数据。

资料来源：全球基础设施枢纽。

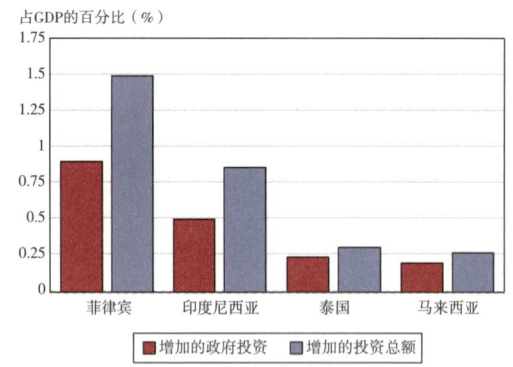

图K6 东盟四国的投资总额和私人投资，2019~2020年的变化（模拟）

注：假设由于"一带一路"的提出，政府在这些国家的投资将比图K5所示的投资缺口多出20%。这实际上将总投资缺口缩小了20%。如红柱所示，菲律宾和印度尼西亚的缺口较大，且公共投资在GDP中所占百分比的增幅最大。更多的政府投资将在下一阶段推动私人投资和GDP的增长。蓝柱是指投资总额在头两年受到的影响。

资料来源：Oxford Economics（Oxford Economics）和AMRO估计。

中国的对外直接投资在"一带一路"国家和地区的分布情况也反映出沿线各国的资源禀赋和比较优势。例如，中国在老挝的对外直接投资主要集中在水电行业和交通运输行业（见图K7），新建高速铁路从中国南部地区经由老挝到泰国东部沿海工业地区。[57] 煤炭和电力是越南的主要行业。能源是缅甸的主要行业，例如，进入中国东南部地区的跨境天然气管道（见图K8）。[58]

最大程度提升"一带一路"项目的互惠效益

由于大多数东盟经济体仍处于追赶阶段，存在持续的外国直接投资发展需求。虽然如此，中国和"一带一路"的参与经济体均面临挑战。各国政府通过适当协调和优先化处理可以应对这些挑战。

---

[57] 中国已经向老挝人民民主共和国许下新的承诺，即建设一个价值60亿美元的铁路项目，到2020年能够使老挝人民民主共和国的首都万象与中国南部地区的云南省相连。

[58] 该项目现已投入运营，每年可输送2 200万吨石油，相当于中国2016年进口总量的6%。

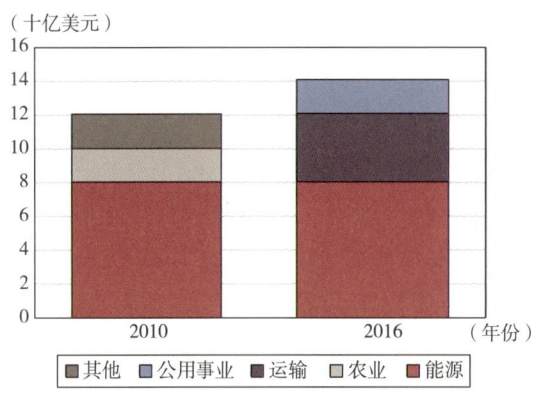

图K7　中国在老挝的投资和施工合同

注：此处"投资"指美国企业研究所和美国传统基金会确定的投资和施工合同的总称。

资料来源：美国企业研究所、美国传统基金会。

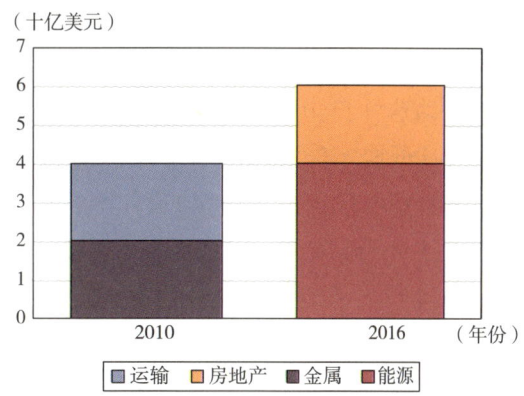

图K8　中国在缅甸的投资和施工合同

注：此处"投资"指美国企业研究所和美国传统基金会确定的投资和施工合同的总称。

资料来源：美国企业研究所、美国传统基金会。

- 首先，虽然"一带一路"愿景与行动文件指出，"一带一路"的发展是一个灵活的过程，各地的实施情况会有所不同，但中国需要与沿途其他国家和地区携手制定相关的时间表和路线图，并调整国家发展计划和区域合作计划。这需要各国政府和相关机构之间开展持续且密切的协调工作。
- 其次，为了确保可持续性，在实施"一带一路"倡议的过程中需要遵循最佳国际实践，监测社会和环境的保护措施。
- 再次，就中国方面来说，中国金融机构对"一带一路"国家和地区的风险敞口持续增大，这些风险必须通过适当的合同保障或其他风险管理工具进行管控，例如金融风险的对冲。
- 最后，在参与经济体方面，"一带一路"倡议资金主要以中长期项目贷款的方式提供。这需要在最开始时仔细评估项目的可行性，以确保这些项目能够产生可用于偿还贷款的可持续回报。所需的任何财政担保或共同融资也需要参与国谨慎管理，保证其财政资源的可持续性。

充分利用技术进步使服务业充满活力，经济多元化

发展充满活力的服务业需要一套专门的政策，首先应从服务业相比制造业处于不利地位的审查政策着手。从历史角度来看，服务业不比制造业优先，也不像商品出口那样快速促进增长。政策需要应对广泛的需求，而非局限于"调整服务业，以满足制造业不断变化的需求"。由于行业在就业和GDP中所占份额发生变化，应当更加关注如何在贸易促进、财政激励和工资政策等领域平衡制造业，为服务业提供一个公平的竞争环境。正如服务商品化和优步化过程中经历的那样，创新型中小企业可能率先利用新技术在服务业中获得竞争力。为了在服务业中获得发展，这些中小型企业可能需要政策支持，或者至少取消不必要的政策限制。

服务业自由化和开放化，引入国际竞争有助于提高生产率，而技术可能会迫使这

种自由化与既得利益相对立。在贸易方面,服务业的自由化一般落后于制造业,东亚地区也一样(WTO,2017年)。就算没有政策支持,技术也已经通过提升服务的可交易性来推动这种自由化。业务流程外包行业便是如此,技术使得这些活动可从高成本经济体迁往低成本经济体。尽管保护主义可能会减缓这一进程,但出于节约成本的考虑,服务贸易壁垒仍可以被克服。

由于人力资本和技能型劳动力与最增值的服务业密切相关,因此恰当的做法是,通过支持性劳动力和移民政策发挥整个东亚地区人力资本的流动性。目前,人力资本在东亚区域的分布非常不均衡(见图6.5)。政府需要采取适当移民政策,提升劳动力流动性,实现劳动力更为经济合理的分配,这是缓解国家创造就业压力的双赢解决方案,并且有助于填补其他经济体的技能缺口。短期内,这也是对技能型劳动力短缺的应对措施,长期内,需实施教育和技能培训,提升劳动力技能。

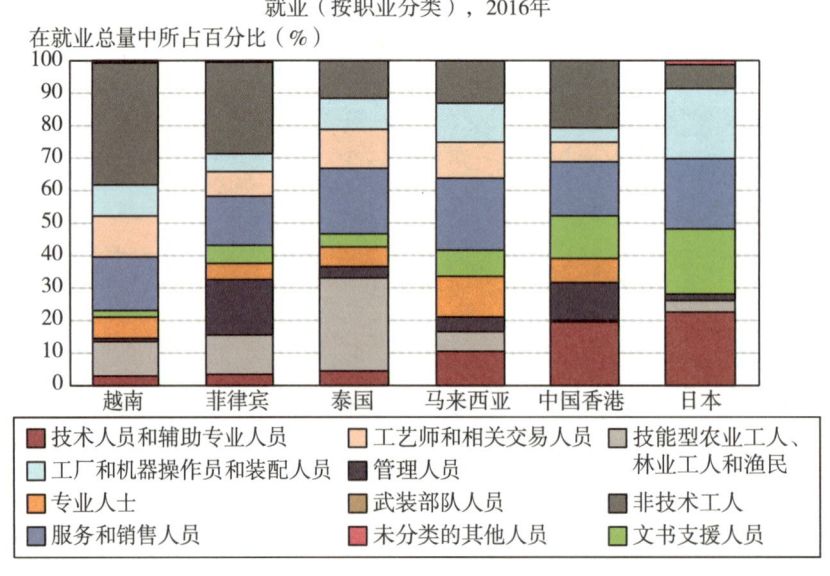

图6.5 东亚区域部分经济体不同经济行业的人力资本分布

资料来源:国际劳工组织。

服务和颠覆性技术日益重要的趋势意味着劳动力市场和劳动力可能需要进行大规模的调整,而社会政策应该支持这种调整。数字经济在全球GDP中大约占15%的份额(新加坡金融管理局,2018年),颠覆性技术将越来越强调人力资本需求,首先是应用于新方式生产(或提供服务)的专用技能,其次是跨经济子行业发展的能力。劳动力市场的灵活性和终身培训计划将更加重要。根据国情,政府应该为失业工人提供安全保障的社会政策和保险,缓解劳动力市场受到的冲击。不仅如此,技术还可以协助缓解劳动力老龄化的挑战,特别是东亚区域的第一波和第二波经济体,它们的人口数量正迅速老龄化。在恰当政策的支持下,即使它们的劳动力会在未来几十年里开始萎缩,这些经济体可以利用技术和自动化提高自身经济生产率。

2018东亚区域经济展望报告
ASEAN+3 REGIONAL ECONOMIC OUTLOOK 2018

在变迁世界中保持韧性与发展

Resilience and Growth in a Changing World

附录：
东亚经济体的发展

文莱

在经历了四年的经济萎缩之后，受石油和天然气行业复苏以及投资扩张的驱动，文莱经济呈现向好态势。 2013~2016年，由于石油价格暴跌至十年来的最低水平，石油生产遭受意外中断，造成经济严重萎缩。自2017年第二季度起，由于石油和天然气产量增加以及私人投资扩大，经济增长有所改善。随着油和天然气价格的稳健回升，以及主要基础设施和外国直接投资建设项目的推进，预计2017年和2018年GDP增长分别为0.6%和1.6%。

通货膨胀率仍为负值，但在2017年基础上有所改善。 2017年的通货膨胀率从2016年的-0.7%升至-0.2%。这主要归因于较高的航空运输成本，以及某些食品和饮料的消费税和进口税增加。预计2018年通货膨胀将随着强劲的国内需求而转为正值。

从外部环境来看，贸易余额保持顺差，但由于主要基础设施和外国直接投资建设项目取得进展，进口额大幅回升，预计贸易余额顺差将持续收窄。

2017年1月至11月的出口额实现了11.5%的增长，2016年同期为下跌22.4%，这与油价的温和回升相一致。 但在同一时期，由于实施了两个大型施工项目（淡布隆大桥，以及Hengyi炼油厂和石化厂），出口额在去年下跌18%的基础上增长了14.4%。鉴于服务和次要收益账户仍然存在赤字，经常账户盈余预计将持续下降。不过，随着下游产业开始商业化生产和出口，预计从2019年起将有所改善。

银行业保持稳健状态，但仍然面临一些挑战。 银行业继续得到很好的缓冲。资本充足率和流动性比率远高于最低要求。但是，银行的金融媒介活动仍然有限，主要表现为在私营部门贷款增长放缓的情况下，存贷比率比较低且不断下降。为解决这个问题，文莱金融管理局（AMBD）实施了一些举措来刺激信贷增长，包括将个人融资上限从40%提升至60%，并将2016年以来的总债务的上限从60%提升至70%。就资产质量而言，自2015年以来呈现向上趋势的不良贷款开始缓和，2017年第三季度的总比率为5.3%，净比率为2.4%。

政府财政压力依然很高，但预算赤字预计会有所改善。 在过去的三年时间里，预算赤字在2016/2017财年大幅扩大至GDP的16.6%。由于油价温和回升且当前支出受到持续抑制，预计2017/2018财年预算赤字将缩小，但仍占GDP的10.6%左右的份额。另外，控制支出对于资本支出更为重要。

展望未来，对油气相关因素的高度依赖将继续对经济和财政部门构成风险。 石油和天然气行业主要存在两种风险：由于油田老化导致的生产意外中断，以及中期内不利的全球油气价格。文莱的经济增长以及财政部门高度依赖石油和天然气生产以及全球能源价格。由于政府部门在经济中扮演着非常重要的角色，政府消费和投资在GDP中所占比例超过30%。石油和天然气相关收入的进一步下降可能会严重限制政府支持增长的能力。

文莱：主要经济指标图

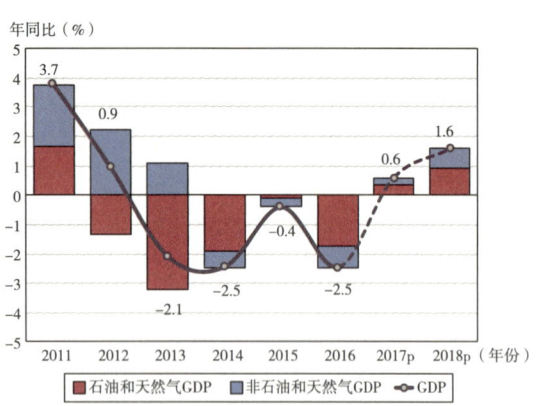

图附1 在经历四年萎缩之后，2017年经济呈现改善迹象，2018年有望实现加速增长

资料来源：CEIC、AMRO计算。

图附2 自2017年第二季度以来的增长态势主要受石油和天然气产量和私人投资增加的支撑

资料来源：CEIC、AMRO计算。

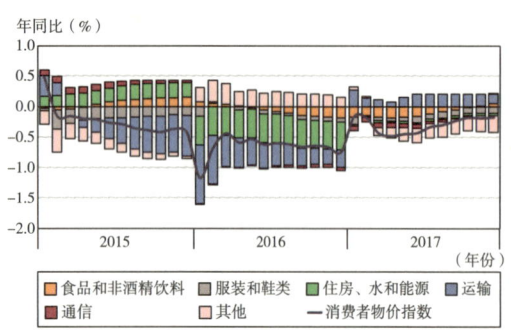

图附3 受交通和食品价格上涨的推动，通货膨胀率仍为负值，但在2017年底前有所改善

资料来源：CEIC、AMRO计算。

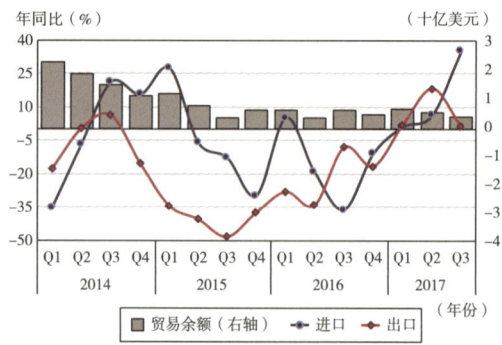

图附4 由于进口的恢复速度快于出口，贸易顺差将持续缩小

资料来源：CEIC、AMRO计算。

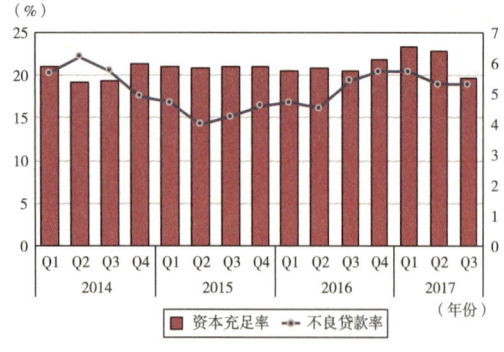

图附5 银行系统有良好的资本充足率，而不良贷款则趋于缓和

资料来源：CEIC、AMRO计算。

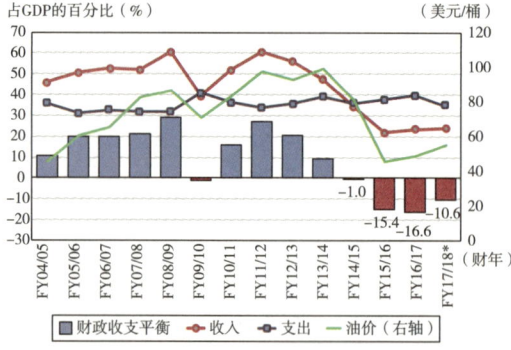

图附6 尽管有所改善，2017/2018财年政府预算仍然显示巨额赤字

注：*基于政府预算。财年：4月至次年3月

资料来源：文莱财政部、AMRO计算。

文莱：主要经济指标表

	2014年	2015年	2016年	2017年[①]
实体经济及价格				
实际GDP	-2.5	-0.4	-2.5	0.6
消费者物价指数（平均值）	-0.2	-0.4	-0.7	-0.2
国际收支	(以百万美元计)			
贸易余额	7 433	2 893	2 380	2 303
经常账户余额	5 244	2 141	1 338	1 226
占GDP的百分比	30.7	16.6	11.7	10.1
国际储备总额	3 648	3 367	3 489	3 339
对商品与服务进口的覆盖月数	7.5	8.3	9.8	7.4
	（年度百分比变动）			
出口值	-7.3	-40.2	-17.6	12.4
石油和天然气	-11.1	-39.9	-26.5	13.9
原油	-13.3	-46.6	-19.6	21.2
液化天然气	-9.2	-34.4	-31.2	8.1
其他	98.4	-44.3	102.2	4.2
出口量	-3.8	-3.0	13.2	-1.6
进口值	-0.5	-10.0	-17.4	26.3
进口量	0.1	-4.7	-16.0	24.4
贸易条件	-3.0	-34.7	-25.9	11.6
财政[②]	（占GDP的百分比）			
收入和补贴	34.4	21.7	22.6	23.4
石油和天然气收入	29.9	16.2	16.3	16.7
非石油和天然气收入	4.5	5.6	6.5	6.7
支出	35.4	37.1	39.4	34.0
经常性支出	26.6	29.2	31.3	28.0
资本支出	8.8	8.0	8.1	6.0
预算余额	-1.0	-15.4	-16.6	-10.6
货币金融部门	（年度百分比变动）			
国内信贷	32.9	28.5	-21.3	-2.7
其中：私营部门	1.1	4.9	-8.4	-3.3
	2014年	2015年	2016年	2017年
广义货币	3.2	-1.8	1.5	-1.8
其他项目				
平均汇率（文莱元/美元）	1.27	1.37	1.38	1.38
期末汇率（文莱元/美元）	1.33	1.42	1.45	1.34
GDP（百万美元）	17 098	12 930	11 400	12 115
GDP（百万文莱元）	21 664	17 778	15 748	16 729

注：①AMRO预测（未计通货膨胀）；②财政年度为4月至次年3月。

资料来源：文莱政府、CEIC和AMRO计算。

柬埔寨

柬埔寨经济有望保持稳定增长，估计2017年GDP增长为6.9%。 由于到访的游客数量显著增多，旅游相关服务业实现快速增长。建筑业和房地产业增速虽比前年略有减缓，但仍然稳健增长。服装业保持强劲增长态势，箱包和电子零部件等其他新兴行业继续扩张。预计2018年经济增长将维持在6.8%的稳定水平，这主要得益于更多的公共投资、强劲的旅游活动以及新兴的非服装行业。

由于近期能源价格上涨，总体通货膨胀率保持稳定。 尽管能源价格上涨带来上行压力，自2017年第二季度食品生产回升后，食品价格普遍放缓，2017年总体通货膨胀率为3%。预计在2018年和2019年，通货膨胀率将随着原油价格的小幅上涨呈现缓慢上升态势。在过去的两年时间里，汇率保持相对稳定。柬埔寨瑞尔（KHR）兑美元的汇率环比变动仍然温和，2016~2017年期间的波动幅度在+/−1%范围之内。

总体国际收支依然强劲，经常账户赤字不断改善，且外国直接投资持续流入。 贸易逆差估计在2017年略有改善，而服务业账户盈余似乎随着旅游业强劲增长而加强。因此，2017年经常账户赤字预计将继续缩小至GDP的6.9%，低于2016年的8.9%。由于外国直接投资流入量增加，尤其是金融和建筑以及房地产行业，因而资本和金融账户可能保持相对强劲的增长。展望未来，随着外国直接投资流入减缓以及商业银行从国外融资的净额减少，资本以及金融账户盈余可能下降。

2017年信贷增长放缓。虽然增长率保持稳定，但2017年信贷增长放缓至18.5%，低于2016年的22.5%。 对于小额贷款的借款人来说，2017年实行的利率上限政策，已经使小额信贷机构（MFI）的信贷增长放缓，而单笔贷款数额增大。随着政策措施的持续实施，信贷增长可能在未来几年内保持稳定。总体而言，银行业指标保持稳健，其中不良贷款率自2017年下半年开始保持稳定。

由于税收持续有力，整体财政状况有所改善。 2017年税收收入强劲增长17.4%，比目标水平高出6个百分点。当前支出增长10.7%，整体财政赤字（不包括补贴）在GDP中占0.7%的份额，远低于最初的预算数据。尽管预计税收将一进步增加，但由于政府计划大幅增加资本支出以促进经济增长，预计2018年财政赤字将呈现扩大态势。

为了维持中长期的高增长，柬埔寨需要保持其外部竞争力和韧性。 不断提升的基础设施和人力资源对于提高竞争力、生产率和经济多元化至关重要。在这方面，重新划分预算分配可以更加有效地处理这些问题。

柬埔寨：主要经济指标图

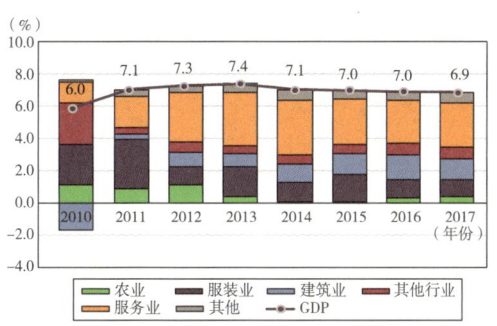

图附7 服装行业对经济增长的贡献已经放缓，在一定程度上被其他新兴行业的更快增长所抵消

注：服装和建筑是行业类别中的子类别。
资料来源：柬埔寨国家统计局（NIS）。

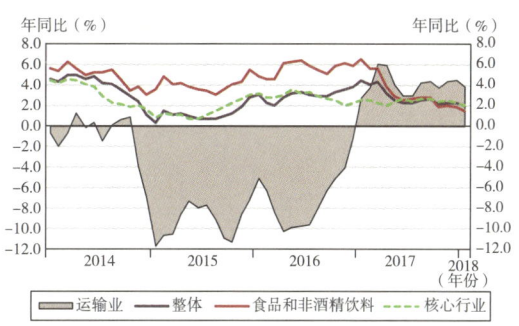

图附8 尽管能源价格面临着上行压力，由于农产品丰收，总体通货膨胀率在2017年趋于稳定

资料来源：柬埔寨国家银行（NBC）。

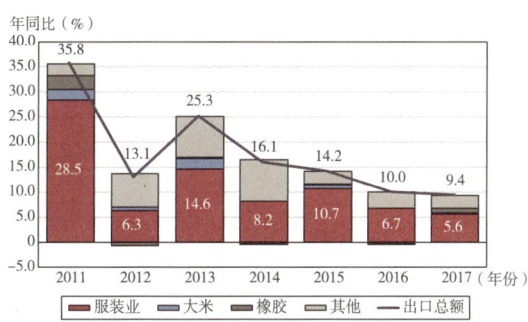

图附9 随着服装出口放缓，出口增长速度持续减慢

资料来源：柬埔寨国家银行（NBC）。

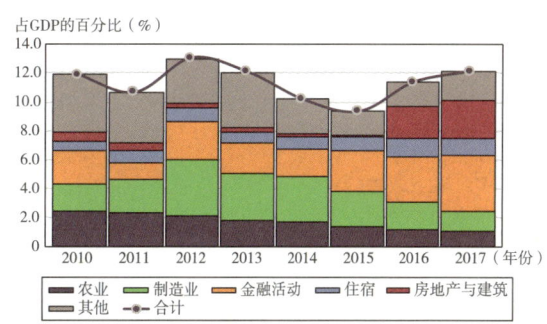

图附10 外国直接投资流入量依然强劲，特别是在金融和与房地产有关的活动中，同时制造业呈下降态势

资料来源：柬埔寨国家银行（NBC）。

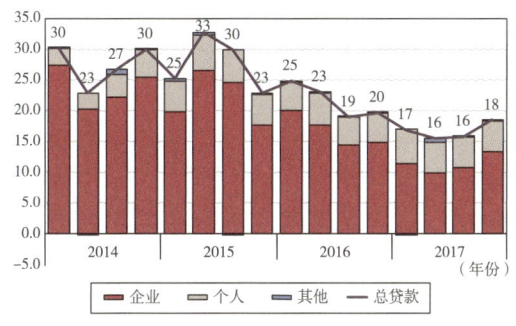

图附11 商业银行对私营部门的国内信贷增长放缓，2017年第四季度略有回升，尤其是对企业信贷

资料来源：柬埔寨国家银行（NBC）、AMRO预测。

图附12 2017年的财政状况继续增强，但由于工资和资本支出增加，2018年可能会出现更大的赤字

资料来源：柬埔寨经济与财政部。

附录：东亚经济体的发展

柬埔寨：主要经济指标表

	2014年	2015年	2016年	2017年估计值
实体经济及价格	（年度百分比变动，除非另作说明）			
实际GDP	7.1	7.0	7.0	6.9
消费（占GDP的百分比）	83.0	82.2	82.1	82.0
投资（占GDP的百分比）[1]	22.1	22.5	23.3	19.2
GDP平减指数	2.6	1.7	3.2	3.0
消费者物价指数（平均值）	3.9	1.2	3.0	2.9
消费者物价指数（期末值）	1.1	2.8	4.2	2.0
国际收支	（百万美元，除非另作说明）			
贸易余额	−3 206	−3 467	−3 416	−2 541
经常账户余额	−1 640	−1 693	−1 782	−1 635
占GDP的百分比	−9.8	−9.4	−8.9	−7.4
总余额	754	775	846	967
国际储备总额[2]	4 391	5 093	6 731	8 758
对商品和服务进口的覆盖月数	4.2	4.4	5.5	6.0
财政（一般性政府）	（占GDP的百分比）			
收入和补贴	20.1	18.5	18.4	19.2
收入	16.9	17.8	17.7	18.6
其中：税收收入	14.4	15.4	15.0	16.0
支出	21.2	20.4	20.3	19.3
费用	12.8	13.0	13.4	13.5
购入非金融资产	8.4	7.4	6.9	5.8
总体预算余额（除去补贴）	−4.3	−2.6	−2.6	−0.7
净借/贷余额	−1.1	−1.9	−1.9	−0.1
基础借/贷余额	−0.8	−1.6	−1.5	0.2
货币金融部门	（年度百分比变动，除非另作说明）			
国内信贷	28.5	24.3	21.9	19.4
私营部门	31.3	27.1	22.5	18.5
广义货币	29.9	14.7	17.9	18.7
储备货币	24.6	21.7	25.0	26.3
其他项目				
名义GDP（十亿柬埔寨瑞尔）	67 437	73 423	81 242	89 453
名义GDP（百万美元）	16 701	18 078	20 035	22 114
人均GDP（美元）	1 095	1 159	1 266	1 376
平均汇率（柬埔寨瑞尔/美元）	4 038	4 060	4 055	4 045
期末汇率（柬埔寨瑞尔/美元）	4 075	4 050	4 037	4 037

注：①投资包括存货的变动；②国际储备总额不包括柬埔寨国家银行储备的无限制的外币存款；反映了2017年10月1日人民币加入"特别提款权篮子"。

资料来源：柬埔寨政府、AMRO计算；2017年数据基于AMRO估计和预测。

中国

2017年中国经济强劲增长。在供给侧方面，服务业进一步扩张，采购经理人指数（PMI）保持在高位。虽然近期有所放缓，但制造业仍继续扩张，特别是与信息技术相关的领域。在需求侧方面，增长动力来自消费和基础设施投资。

与2017年相比，预计2018年的增长率略有下降。中国经济从高速增长转为高质量增长。尽管这种转变可能导致投资贡献下降，增长缓慢，但这种调整是必要的并且可能带来更加可持续的发展。对于2018年，中国政府将增长目标定在6.5%左右。我们预计实际增长率可达6.6%左右，主要是由于私人消费和服务（包括互联网经济）的进一步发展且维持增长势头。下行风险包括投资放缓、净出口减少、金融去杠杆化以及宏观审慎措施对房地产市场的影响。

资本外流压力进一步缓和，主要由于宏观经济改善以及通过宏观审慎政策对跨境资本流动进行逆周期管理。2017年的资本和金融账户盈余为1 485亿美元，而2016年的赤字为4 164亿美元。此外，自2017年11月以来，海外投资者增加了对中国债券和股票市场的投资。截至2018年2月底，外汇储备升至3.13万亿美元。在2017年12月下旬至2018年2月初期间，人民币对大多数货币走强。

2018年2月份消费者物价指数上升，而生产价格指数保持稳定。消费者物价指数在2月份上升至2.9%，1月份为1.5%，2017全年为1.6%，这是由于食品价格受中国春节和低基数影响所致。生产者物价指数继2017年2月达到7.8%的最高点之后，在2018年2月降至3.7%，预计2018年将进一步下降，在一定程度上可归因于高基数的影响。

经济增长和宏观经济稳定的短期风险已经减弱。我们认为短期内的硬着陆风险已经降低，这是由于稳定的消费、持续城市化，以及通过加强金融去杠杆化和监管已经化解了金融风险，且政府对房地产市场实施宏观审慎调控措施。企业和政府部门的债务增长也有所放缓。产能过剩的问题也已按照计划和目标正在实施中。

外部风险已经缓和，但贸易紧张局势仍然值得关注。资本外流的短期风险已经减弱。即便如此，如果美国的货币政策正常化速度快于预期，或者中国经济增长停滞不前，这些风险可能会加剧。地缘政治是一种尾部风险，可能会持续存在。2017年，美国对中国的货物贸易逆差高于2016年的水平。因此，贸易紧张局势仍然可能对中国出口构成风险。但据评估，对中国整体经济的影响有限。

就中期而言，如果结构性改革放缓，增长面临的风险可能会加大，从而导致企业部门更加脆弱。由于价格上涨，采掘业和钢铁业的近期利润有所反弹。尽管如此，采掘、钢铁和房地产等行业的企业杠杆率和相关脆弱性依然值得关注。这些问题不会在短期内导致系统性危机。但是，如果这些行业的问题得不到解决，一些行业的债务危机可能会恶化，这可能会削弱对经济和金融部门的信心，并拖累经济增长。

由于贸易和金融一体化不断推进，中国可能会对区域经济体产生相当大的溢出效应。 中国经济向消费拉动型增长转型，对消费品和出境旅游的需求增加。预计"一带一路"倡议将显著增加对东盟经济体的直接投资，这将有助于东盟急需的基础设施建设。人民币在区域贸易和投资结算中发挥着越来越大的作用。此外，随着中国金融市场和对外投资的进一步开放，通过金融渠道，中国可能会对区域金融市场产生越来越大的影响。

中国：主要经济指标图

图附13　服务业活动进一步扩张，采购经理人指数保持在高位。制造业活动也在继续扩张，但最近有所缓和

资料来源：中国国家统计局（NBS）、Markit。

图附14　在全球贸易复苏的情况下出口持续扩张，同时随着国内消费的增长，进口不断增加

资料来源：中国海关总署。

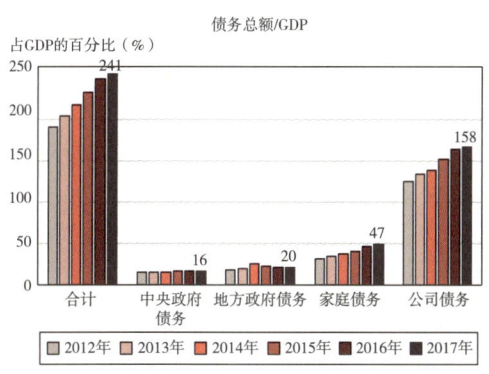

图附15　与家庭和公司债务相比，政府债务的增长速度放缓

资料来源：中国国家统计局（NBS）、中国人民银行（PBC）、CMOF、AMRO。

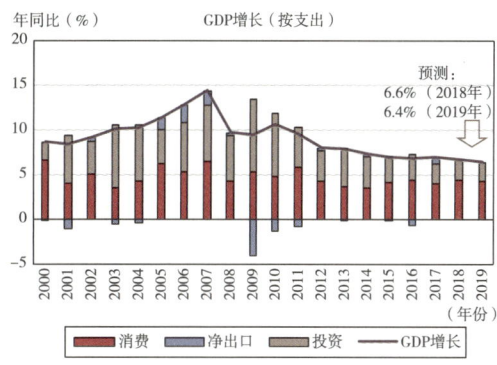

图附16　在需求侧，增长主要受稳定的消费推动，投资扩张则有所放缓

资料来源：中国国家统计局、AMRO估计。

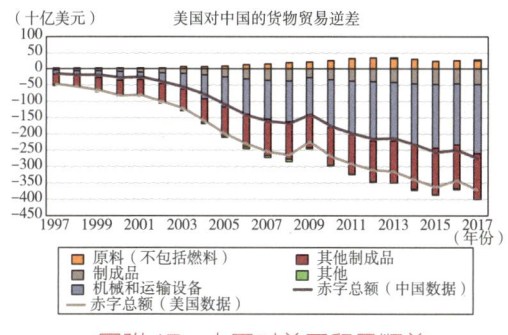

图附17　中国对美国贸易顺差

资料来源：美国人口普查局、中国海关总署。

图附18　由于政府采取调控措施，一、二线城市的房价增长放缓

资料来源：Wind。

附录：东亚经济体的发展

111

中国：主要经济指标表

	2014年	2015年	2016年	2017年
实体经济及价格	\multicolumn{4}{c}{（年度百分比变动，除非另作说明）}			
实际GDP	7.3	6.9	6.7	6.9
消费	6.7	7.8	8.3	7.5
资本形成总额	7.1	6.0	6.0	4.7
采购经理人指数（制造业，期末值）	50.1	49.7	51.4	51.6
采购经理人指数（非制造业，期末值）	54.1	54.4	54.5	55.0
消费者物价指数（平均值）	2.0	1.4	2.0	1.6
核心消费者物价指数（平均值）	1.6	1.5	1.6	2.2
生产者物价指数（平均值）	−1.9	−5.2	−1.4	6.3
新增城镇就业（百万）	13.2	13.1	13.1	13.5
登记失业率：城镇（平均%）	4.1	4.0	4.0	3.9
平均工资（人民币元）	56 360	62 029	67 569	—
平均工资增长	9.5	10.1	8.9	—
国际收支	\multicolumn{4}{c}{（十亿美元，除非另作说明）}			
出口（年同比，美元）	6.0	−2.9	−7.7	7.9
进口（年同比，美元）	0.5	−14.3	−5.5	15.9
贸易余额	383.1	593.9	509.7	422.5
贸易余额（占GDP的百分比）	3.7	5.4	4.6	3.4
经常账户余额	236.0	304.2	202.2	164.9
经常账户余额（占GDP的百分比）	2.3	2.7	1.8	1.3
金融和资本项目余额（不包括储备金）	−51.4	−434.1	416.4	148.4
金融和资本项目余额（占GDP的百分比）	−0.5	−3.9	−3.7	1.2
外国直接投资	119.6	126.3	126.0	131.0
对外直接投资	102.9	118.0	170.1	120.6
外债（总额）	1 779.9	1 383.0	1 415.8	1 710.6
外汇储备	3 843.0	3 330.4	3 010.5	3 139.9
人民币汇率（兑美元，平均值）	6.16	6.28	6.64	6.75
财政	\multicolumn{4}{c}{（占GDP的百分比，除非另有说明）}			
收入（年同比）	8.6	8.4	4.5	7.4
支出（年同比）	8.2	15.8	6.4	7.7
收入	21.8	22.1	21.5	20.9
支出	23.6	25.5	25.2	24.6
总体余额	−2.1	−2.4	−2.9	−2.9
中央政府债务	14.9	15.5	16.1	16.3
货币金融部门	\multicolumn{4}{c}{（年度百分比变动，除非另作说明）}			
M2	12.2	13.3	11.3	8.1
融资规模	14.3	12.5	12.8	12.0
贷款总额	13.6	14.3	13.5	12.7
贷款利率（一年期，期末值，%）	5.6	4.4	4.4	4.4
十年期国债收益率（%）	4.17	3.37	2.86	3.58
银行资本充足率（%）	13.2	13.5	13.3	13.7
不良贷款率（%）	1.25	1.67	1.74	1.74
其他项目				
名义GDP（十亿人民币）	64 397	68 905	74 359	82 712
名义GDP（十亿美元）	10 483	11 063	11 195	12 250

注：自2015年起包含人民币外债。

资料来源：中国国家统计局、中国财政部、中国人民银行、中国商务部、中国人力资源和社会保障部、中国海关总署、中国银行业监督管理委员会、国家外汇管理局、AMRO。

中国香港

受私人消费和外部需求支撑，中国香港（以下简称"香港"）的GDP增长继续强劲回升。 2017年的GDP增长率为3.8%，高于2016年的2.1%，产出缺口为正值。随着全球贸易量的增加，商品出口增长迅速。由于贸易和商品流量的增加以及旅游需求的回升，服务业出口也有所增加。与此同时，受收入增长支撑，加之劳动力市场供不应求且消费者信心良好，私人消费持续增强。展望未来，主要受香港私人消费复苏的支持，增长势头可能保持稳健。然而，2018年和2019年的GDP增长率预计将分别下降至3.4%和3.0%，这考虑到全球和中国香港金融市场状况趋紧，以及中国内地经济增长略有放缓的态势。

通货膨胀压力仍然存在。 2017年，主要进口伙伴出现通货紧缩，总体通货膨胀率为1.5%。由于工资稳定增长、房屋租金上涨以及名义有效港币贬值，预计在2018年和2019年通货膨胀率将分别小幅上升至2.1%和2.3%。

香港金融环境依然宽松。 由于香港的流动资金充裕，短期港元利率一直低于美元。自2017年下半年以来，美元伦敦银行同业拆借利率（Libor）与香港银行同业拆借利率（Hibor）之间差价的扩大再次导致汇率贬值，港元趋于兑换保证汇率的弱方——7.85港元/美元。此外，一年期和更长期的港元利率逐渐回升，反映出未来几年港元利率上升的预期。美国股市在2018年2月初的抛售，引发恒生指数在2018年1月底的历史新高基础上大幅下降超过10%，波动性增加。不过，最新数据显示市场情绪有所改善。

银行体系依然稳健且资本充足。 由于经济活动改善，不良贷款比率下降，信贷增长强劲复苏。截至2017年12月底，资本充足率仍然高达19.1%。

财政状况依然稳健。 根据香港特别行政区财政司司长于2018年2月发表的预算案报告，2017/2018财年的财政盈余预计占GDP的5.2%，截至2018年3月底，财政储备将达到相当于28个月的开支水平。在2018/2019财年，政府计划将公共支出提升至GDP的21%，高于上年的19%，同时维持财政盈余和充足的储备。预算措施包括进一步增加土地住房供应，减少薪俸税和利得税，额外提供创新科技发展的支出，以及增加教育支出。

短期的增长风险主要来自美国的政策及其对全球经济的影响。 与中国内地有关的风险已经消退，这些风险主要是2017年上半年以来，经济硬着陆的风险和大量资本外流的压力。近期香港面临的风险与美国政策有很大关系。美国税制改革和基础设施投资可以推动美国经济增长，并增加全球贸易量，这也将有利于香港。但是，充分就业形势下的扩张性财政政策对增长的影响可能有限。问题在于较高的通货膨胀率和较大的财政赤字，导致美国主权收益率上升。这可能引发区域资本外流，导致港元利率上升。另外，保护主义情绪加剧对贸易活动会产生不利影响。

主要中央银行的货币政策正常化将推高香港融资成本。 主要中央银行的政策正常化可能在未来一段时间内推进,使得全球金融环境趋紧。这可以减少香港充足的流动资金并推高港元利率。除此之外,上述美国财政政策带来很大不确定性,美联储利率上涨的速度直接影响在联系汇率下的香港利率。

本地风险主要来自住宅房地产市场。 尽管在2017年5月推出宏观审慎措施之后房地产市场趋稳,但自2017年第四季度起,价格及成交量均有所增加。如果港元利率大幅上涨,可能会出现房价大幅回调的风险。家庭债务增加了,同时,大部分房贷随短期利率波动,这将加重家庭的偿债负担。从中长期来看,住房供应的增加有助于改善购房能力,尽管前景尚不明朗。此外,自2009年以来推出的一系列宏观审慎的需求调控措施对维护金融稳定起到了保障作用。

中国香港：主要经济指标图

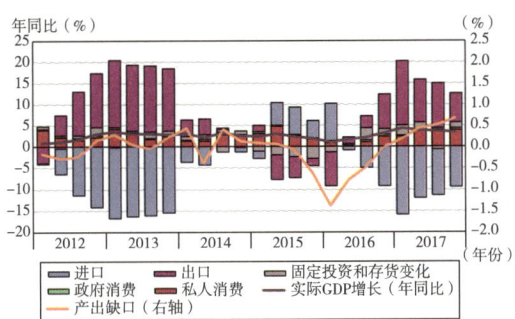

图附19　由于私人消费回弹以及外部需求增加，实际GDP增长强劲回升

资料来源：CEIC、AMRO估算。

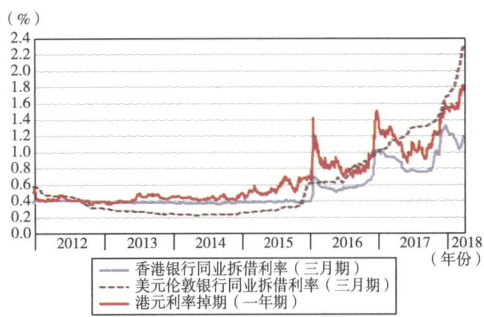

图附20　尽管最近一年和更长时间里港元掉期利率有所上涨，但美元伦敦银行同业拆借利率对香港银行同业拆借利率的短期溢价自2018年年初以来再度扩大

资料来源：彭博。

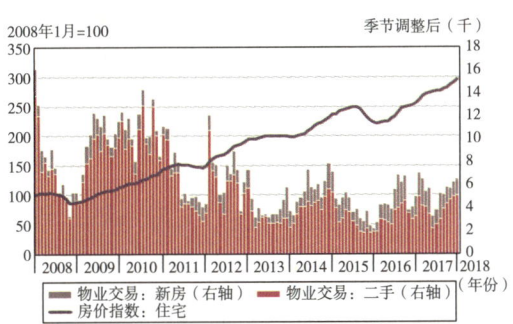

图附21　2017年第三季实施最新一轮宏观审慎调控措施出现一些稳定现象之后，住宅物业市场重拾上升势头

资料来源：CEIC、AMRO估算。

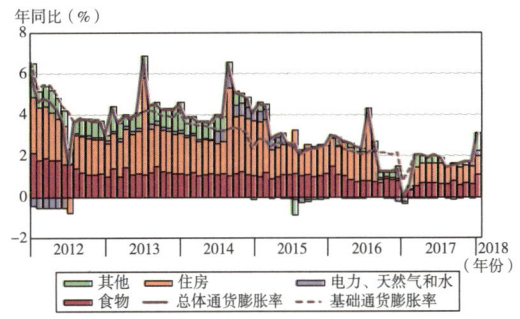

图附22　通货膨胀压力较温和，但近期房价上涨可能会在未来对消费者物价指数带来上行压力

注：2018年2月的总体通货膨胀率和基础通货膨胀率均在1月份的1.7%基础上增至3.1%，主要是因为各年春节的时间不同（2018年为2月中旬，2017年1月下旬）。

资料来源：CEIC。

图附23　在最近几个月里，港元即期汇率走弱，在兑换保证汇率弱方——7.85港元/美元

资料来源：CEIC、香港金融管理局。

图附24　尽管由于人口老龄化而使医疗保健和社会福利支出继续增加，但财政状况依然保持强劲，政策空间充裕

资料来源：CEIC、2018~2019年预算案报告。

中国香港：主要经济指标表

	2014年	2015年	2016年	2017年
实体经济及价格	（年度百分比变动，除非另作说明）			
实际GDP	2.8	2.4	2.1	3.8
私人消费	3.3	4.8	1.9	5.4
政府消费	3.1	3.4	3.3	3.4
本地固定资本形成总额	-0.1	-3.2	-0.1	4.2
建设与施工	9.3	2.2	5.9	3.0
机械、设备和知识产权产品	-8.7	-7.7	-6.3	1.9
出口	1.0	-1.4	0.7	5.5
商品	0.8	-1.7	1.6	5.9
服务	1.6	0.3	-3.4	3.5
进口	1.0	-1.8	0.9	6.3
商品	1.5	-2.7	0.7	6.9
服务	-2.2	5.0	2.1	1.8
GDP平减指数	2.9	3.6	1.7	3.0
总体通货膨胀	4.4	3.0	2.4	1.5
基础通货膨胀	3.5	2.5	2.3	1.7
失业率（%）	3.3	3.3	3.4	3.1
国际收支	（占GDP的百分比）			
总体国际收支平衡	6.2	11.8	0.4	9.4
经常账户	1.4	3.3	4.0	4.2
金融非储备资产	2.9	6.4	-3.7	3.6
财政部门	（占GDP的百分比，财年三月底）			
收入	21.2	18.8	23.0	23.0
支出	17.5	18.2	18.6	17.8
统一预算资产	3.6	0.6	4.5	5.2
货币金融部门	（年度百分比变动，除非另作说明）			
M1	13.1	15.4	12.3	9.8
M2	9.5	5.5	7.7	10.0
M3	9.6	5.5	7.7	10.0
贷款总额	12.7	3.5	6.5	16.1
分类贷款比率（%）	0.5	0.7	0.7	0.5
资本充足率（%）	16.8	18.3	19.2	19.1
其他项目				
利率（%，期末值）				
三月期香港银行同业拆借利率	0.4	0.4	1.0	1.3
十年期国债收益率	1.9	1.7	1.9	1.8
资产价格				
恒生指数（期末值，1964年=100）	23 605	21 914	22 001	29 919
（年同比%）	1.3	-7.2	0.4	36.0
住宅类物业价格（期末值，1999年=100）	278	285	307	353
（年同比%）	13.5	2.4	7.9	14.8
即期汇率（港元/美元，区间平均值）	7.754	7.752	7.762	7.794
官方储备资产（十亿美元，期末值）	328.5	358.8	386.3	431.4
名义GDP（十亿港元）	2 260.0	2 398.3	2 490.7	2 662.6
名义GDP（十亿美元）	291.4	309.4	320.9	341.7

资料来源：彭博、CEIC。

印度尼西亚

受国内需求带动，经济增长持续复苏。 2017年第四季度产量增长率从第三季度的5.1%升至5.2%。由于通货膨胀得到控制，家庭消费增长率从上个季度的4.9%攀升至5.0%，而政府消费增长3.8%。受益于基础设施建设情况，投资保持强劲水平，增长率为7.3%，高于上一季度的7.1%。由于国内需求强劲增长，使得进口实现两位数增长——11.8%。由于坚挺的商品价格以及不断改善的全球经济状况，出口增长8.5%。

由于稳定的通货膨胀和持续的经济增长，印度尼西亚央行（BI）保持政策利率不变。 2018年2月总体通货膨胀率同比上涨3.2%，2018年的目标范围为3.5±1%，而核心通货膨胀率保持在2.6%的低位水平。由于价格压力得以大幅度缓和且经济复苏正在加速，印度尼西亚央行自2017年9月以来一直将政策利率保持在4.25%的水平。

在2017年下半年，经常账户赤字扩大，但2017年仍然低于GDP的2%。 2017年第四季度经常账户赤字占GDP的2.2%，高于第三季度的1.7%。赤字的扩大，在很大程度上是由于进口随着投资增长而增加。2017年全年，经常账户赤字在GDP中所占百分比维持在1.7%的水平。随着经济回暖，进口需求将增加，赤字将大体维持在当前水平。

自2018年年初以来，由于资本外流，股票和政府债券市场经历了一些波动。 雅加达综合指数下降了约2.5个百分点。此外，外国投资者积极参与政府证券市场，十年期收益率相对较低，截至3月底为6.9%。

2017年财政年报显示，预算赤字好于预期，占GDP的2.5%。 尽管修订后的2017年预算案中预测赤字占GDP的2.9%，实际情况比预期要好得多，这主要得益于强劲的税收外收入以及适度的支出。展望未来，2018年预算目标是，在强劲的收入增加基础上（GDP增长5.4%），赤字占GDP的2.2%。

随着经济的反弹，2017年信贷增长率达到8.2%（同比），略高于前一年的7.9%。 此外，存款增长更高，于2017年达到9.4%。2017年信贷增长较缓，这主要归功于企业重组合并和银行对贷款方较谨慎。鉴于目前的经济状况以及企业和银行业的整合进展良好，预计2018年信贷增长率将适度上升。

增长的主要风险因素是投资的落实程度和贸易保护主义。 由于印度尼西亚政府对基础设施建设许下坚定的承诺，投资已成为近期增长的关键推动因素。但是，投资的落实程度又面临一些挑战，如一揽子经济政策中措施的有效性、基础设施建设的征地情况，以及政府的收入压力等。另一个主要风险在于，一些主要贸易伙伴实施贸易保护主义措施，这可能导致全球贸易再度受挫，印度尼西亚出口需求下降。

虽然外部环境有所改善，但由于全球风险避险情绪加剧，外部风险依然存在。 印度尼西亚发展前景良好，仍然对外国投资者具有吸引力。宏观经济基本面的改善，改革和基础设施建设都可圈可点。继2017年5月标准普尔评级上升之后，惠誉也于2017

年12月上调了印度尼西亚主权评级。尽管如此，美联储加息或地缘政治等外部因素可能会使得资本流动呈现出不稳定态势，并对汇率、股票价格以及主权债券收益率产生不利影响。此外，主要商品的价格发展走势有助于确定经常账户的表现。

目前，金融稳定风险相当有限。不良贷款的增加似乎已经逆转，而银行体系有相对充足的资本作为缓冲。

当前的货币政策立场有利于维护外部环境稳定并助力增长势头。印度尼西亚的经济基本面不断加强，资本急剧外流的风险减少了。在核心通货膨胀稳定的情况下，经济保持复苏，这些表明当前的货币政策立场仍然处于恰当范畴。

长期财政收入增长有助于政府实现更加稳固的财政基础。政府应当继续就长期收入的改善采取措施，如扩大税收基础、减少免税项目以及控制逃税现象，以提高财政稳健性以及政府应对经济冲击的能力。

政府把重点放在基础设施投资和结构改革方面取得了显著进展。尽管如此，仍然存在一系列挑战，政府正通过监管变革、制度调整和财政激励来解决这些挑战。

印度尼西亚：主要经济指标图

图附25　2017年GDP增长有所回升

资料来源：印度尼西亚中央统计局。

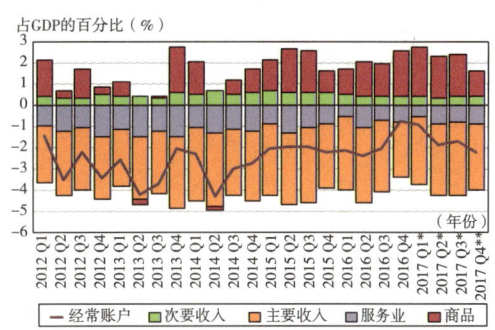

图附26　经常账户赤字随着进口需求的增长而扩大

注：*2017年第一季度至第三季度数据为初步数据；**2017年第四季度数据为非常初级数据。

资料来源：印度尼西亚央行、AMRO计算。

图附27　印度尼西亚盾保持相对稳定

资料来源：印度尼西亚央行、AMRO计算。

图附28　通货膨胀受到抑制，印度尼西亚央行调低政策利率，以支持经济增长

资料来源：印度尼西亚银行、印度尼西亚中央统计局。

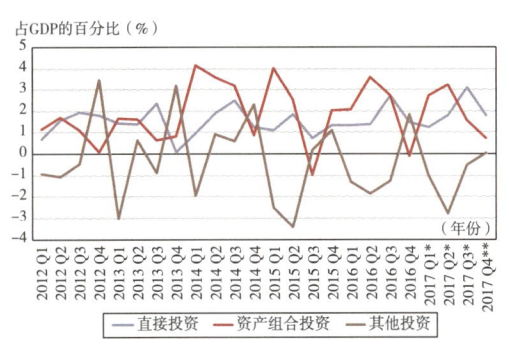

图附29　净资本流入持续发挥积极作用

注：*2017年第一季度至第三季度数据为初步数据；**2017年第四季度数据为非常初级数据。

资料来源：印度尼西亚央行、AMRO计算。

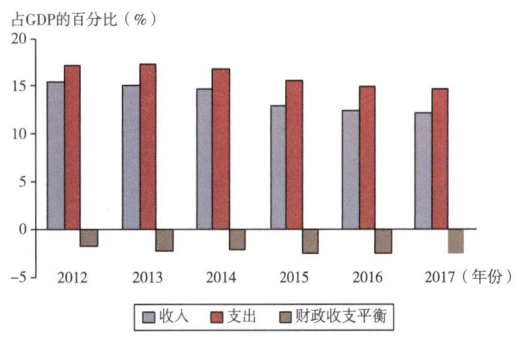

图附30　财政收入仍然是一个挑战

资料来源：印度尼西亚财政部、AMRO计算。

印度尼西亚：主要经济指标表

	2014年	2015年	2016年	2017年*
实体经济及价格	（年度百分比变动）			
实际GDP	5.0	4.9	5.0	5.1
家庭消费	5.1	5.0	5.0	4.9
政府消费	1.2	5.3	-0.1	2.1
固定资本形成总额	4.4	5.0	4.5	6.2
存货变动	31.4	-31.0	18.2	-13.5
出口	1.1	-2.1	-1.6	9.1
进口	2.1	-6.2	-2.4	8.1
国际收支	（占GDP的百分比）			
经常账户余额	-3.1	-2.0	-1.8	-1.7
贸易余额	0.8	1.6	1.6	1.9
石油和天然气	-1.3	-0.7	-0.5	-0.7
非石油和天然气	2.1	2.3	2.2	2.6
资本项目余额	5.0	2.0	3.1	2.9
外国直接投资（净额）	1.7	1.2	1.7	2.0
资产组合投资（净额）	2.9	1.9	2.0	2.0
其他投资（净额）	0.5	-1.2	-0.6	-1.1
国际收支总余额	1.7	-0.1	1.3	1.1
财政（中央政府）	（占GDP的百分比）			
收入和补贴	14.7	13.1	12.5	12.3
支出	16.8	15.7	15.0	14.9
预算余额	-2.1	-2.6	-2.5	-2.5
货币金融部门	（年度百分比变动）			
广义货币	11.9	9.0	10.0	10.0
私营部门信贷	12.6	9.6	7.7	7.8
其他项目				
总体通货膨胀率（期末值）	8.4	3.4	3.0	3.6
印度尼西亚央行政策利率**	7.8	7.5	4.75	4.25
汇率（印度尼西亚盾/美元），平均值	11 876	13 392	13 305	13 385
国际储备（十亿美元）	111.9	105.9	116.4	130.2
外债（占GDP的百分比）	32.9	36.1	34.3	34.7
名义GDP（十亿美元）	890.8	860.9	932.7	1 015.5

注：*初步数据。**从2016年8月19日开始，印度尼西亚央行以其7天逆回购利率（BI7DRR）重新制定了政策利率，以提高货币政策传播的有效性。

资料来源：印度尼西亚中央统计局、印度尼西亚央行、印度尼西亚财政部，以及AMRO计算。

日本

在2017年第四季度，由于公共支出放缓和进口量增加，经济增速有所放缓，但日本经济一直保持强劲的增长势头。随着家庭收入的稳步增长，私人消费逐步上升。企业利润和留存收益创历史新高，企业投资保持温和上涨趋势。随着全球经济增长，出口继续增加；由于国内需求增长，进口持续增长。此外，受到2016/2017财年一揽子刺激方案推动的公共投资，在2017年第三四季度连续收缩。尽管总体工资的增长率仍然很低，但劳动力市场趋紧，就业稳步增长。失业率下降至2.5%，2018年2月，岗位与求职者比率升至历史新高1.58。

消费者物价指数仍然很低，低于日本央行2%的价格稳定目标。 2018年2月，全球大宗商品价格逐渐上涨，将消费者物价指数（不包括生鲜食品）通货膨胀率推高至1%。但是，如果排除与能源有关的物品，自2016年8月以来的通货膨胀率一直低于0.6%。中期通货膨胀率预期值对短期通货膨胀较敏感，仍然徘徊在1%左右。

国际收支头寸维持稳健，2017财年经常账户盈余超过GDP的3.5%。在全球经济稳健增长的情况下，来自大型海外投资资产的收入继续保持强劲。商品出口（按日元计）迅速增加，连续八个季度维持贸易顺差。资本依然持续流出，以对外直接投资为主。尽管由于担心美国利率上升，2017年日本投资者卖出美国债券，但购买其他国家债券和股票的热情依然高涨。

金融环境依然呈现出高度宽松态势，金融体系保持稳健。银行贷款稳步回升，年同比达到2.1%左右。评估结果表明，信贷周期在扩张性阶段。虽然股票市场在2018年2月出现一些波动，但金融市场基本稳定，利率和收益率都较低。总体来看，银行的资本缓冲较为充足，且不良贷款率较低。

宏观经济政策继续支持经济增长。 2016/2017财年的一揽子财政刺激方案已经实施，政策立场仍然强调推动增长。根据带有收益率曲线控制的QQE政策和通货膨胀超调承诺，货币政策保持宽松。日本央行的公开市场操作以及实施新框架时与市场的沟通取得较好的效果。

展望未来，预计2017财年GDP增长约为1.8%，然后在2018财年降至1.3%。预计在2017/2018财年，消费者物价指数（不包括生鲜食品）为0.7%~0.8%左右，能源价格小幅上涨。

日本的短期经济前景可能会受到外部冲击或其他国家经济政策的影响。其中包括贸易保护主义和主要贸易伙伴国的经济放缓，以及地缘政治冲击。美联储和欧洲央行快于预期的货币紧缩或者正常化速度，可能导致金融市场波动加剧，导致增长前景不明朗。此外，美国税收改革和财政刺激可能对日本经济有提振作用。

在财政、货币和金融部门、潜在增长和通货膨胀方面，日本国内仍面临严重挑战。

强调长期宏观经济增长的政策可能会削弱财政增收减支的势头，随着养老金需求的增长，财政面临挑战。日本央行大量购买日本政府债券在某些方面影响了日本政府债券市场的流动性。由于利差缩小以及随之而来的高风险投资组合的积累，再加上人口因素，区域银行盈利能力受到挑战，资产负债表承压。政府需要努力提升潜在增长率并提高通货膨胀率，加强对经济增长和家庭及企业通货膨胀率的中长期预期。

日本：主要经济指标图

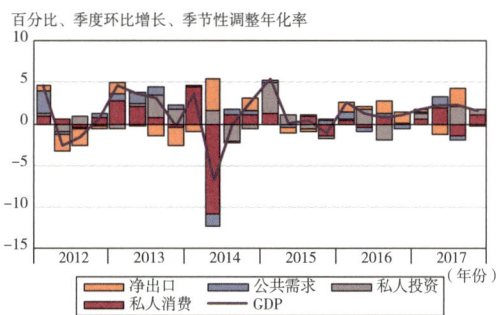

附图31　实际GDP仍然增长强劲，尽管在2017年第四季度有所放缓

资料来源：日本内阁办公室。

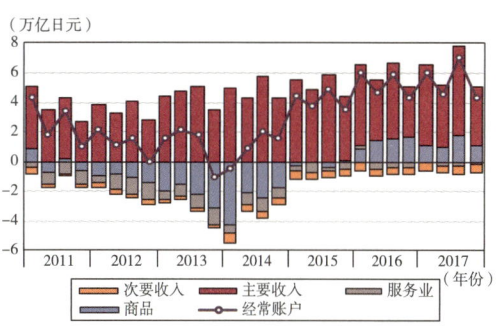

附图32　国际收支头寸依然稳健，经常账户盈余大量增加，并有大量营收

资料来源：日本财务省。

附图33　近年来，政府债务增长趋于稳定，但仍维持在GDP的200%左右高位

注：财年。

资料来源：日本财务省、AMRO估计（2017财年）。

附图34　消费者物价指数通货膨胀率仍然很低，低于日本央行2%的价格稳定目标

资料来源：日本总务省。

附图35　由于全球市场波动加剧，2018年2月日元兑美元和欧元走强

资料来源：彭博。

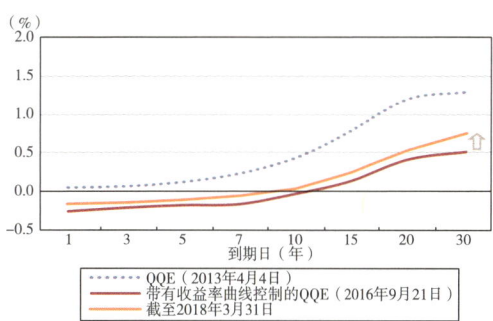

附图36　从引入收益率曲线控制的QQE政策以来，日本政府债券收益率曲线略有上移

资料来源：彭博。

日本：主要经济指标表

	2014年	2015年	2016年	2017年 估计值
实体经济及价格	（年度百分比变动，除非另作说明）			
GDP增长	−0.3	1.4	1.2	1.8
私人消费	−2.5	0.8	0.3	1.3
私人非住宅投资	3.3	2.3	1.2	3.1
私人住宅投资	−9.9	3.7	6.2	3.0
政府消费	0.4	1.9	0.5	0.6
公共投资	−2.0	−1.6	0.9	2.5
净出口（百分比）	0.6	0.1	0.8	0.3
商品和服务出口	8.7	0.7	3.4	5.8
商品和服务进口	4.2	0.3	−1.0	3.8
劳动力市场	（月份平均数值）			
失业率（%，季节性调整后）	3.5	3.3	3.0	2.7
岗位/求职者数量（季节性调整后）	1.1	1.2	1.4	1.5
价格	（月份平均数值）			
消费者物价指数（所有项目）	2.9	0.2	−0.1	0.7
消费者物价指数（不包括新鲜食品）	2.8	0.0	−0.2	0.7
国际收支	（万亿日元，除非另作说明）			
经常账户余额	8.7	17.9	20.4	21.0
经常账户余额（占GDP的百分比）	1.7	3.3	3.8	3.8
贸易余额	−9.1	−1.1	4.0	3.6
出口商品离岸价	74.7	74.1	71.5	78.2
进口商品到岸价	83.8	75.2	67.5	74.6
经常账户：主要收入	20.0	20.9	18.1	19.2
金融账户	14.2	23.8	24.9	16.8
国际储备（十亿美元，期末值）	1 245	1 262	1 230	—
财政部门（中央政府）	（占GDP的百分比）			
税收	10.4	10.5	10.3	10.5
支出	19.1	18.4	18.1	18.0
主要余额	−2.7	−2.3	−2.9	−2.3
未偿政府债务	203.2	196.5	198.7	200.7
货币部门	（年度百分比变动，除非另作说明）			
货币基础	39.7	32.3	23.4	—
无担隔夜保拆借利率（%）	0.015	−0.002	−0.060	—
其他项目				
汇率（日元/美元，平均值）	109.9	120.1	108.4	110.8
汇率（日元/美元，期末值）	120.2	112.4	111.8	111.4
日经225指数（日元，期末值）	19 207	16 759	18 909	21 454
日本国债十年收益率（%，期末值）	0.398	−0.049	0.067	0.072
不良贷款率（百分比，期末值）	1.10	0.97	0.87	—
名义GDP（十亿美元）	4 717	4 445	4 976	—
名义GDP（万亿日元）	518.5	533.9	539.3	549.1

注：财年，除非另作说明。

资料来源：日本政府、AMRO估计（2017财年，金融市场数据除外）。

韩国

2017年，受到私人消费和投资推动，韩国经济继续增长。 在第三季度的快速扩张后，由于受到10月份长假影响，第四季度GDP增速下降了0.2%，季度环比为1.4%。全年经济增长3.1%，高于潜在增长率。私人消费继续呈现出温和复苏态势，而政府消费随着财政支出的扩大而增加。设施和建设投资方面，尽管2017年下半年步伐放缓，但依然强劲。出口主要受半导体行业带动继续稳健增长。2018年，尽管出口势头强劲并且私人消费持续改善，预计增长率将放缓至2.9%，这主要是由于私人投资减弱特别是建设放缓。

2017年，通货膨胀率回升超过2%，然后呈现下滑态势。 2017年第四季度，尽管油价上涨，但农产品价格低迷且公用事业价格下跌，因此消费者物价指数上涨1.5%。全年的消费者物价平均上涨1.9%，高于上一年度的1.0%。然而，由于核心通货膨胀稳定且工资增长缓慢，需求方面引起的通货膨胀压力持续减弱。2018年总体通货膨胀率预计为1.9%，但核心通货膨胀率将从2017年的1.5%升至2.0%。虽然政府的行政措施会减轻通货膨胀，但是由于经济增长产出缺口继续缩小，总体上通货膨胀将上升。

国际收支头寸依然强健。 2017年，尽管服务账户赤字恶化，贸易顺差仍然较大，经常账户盈余保持在785亿美元的水平。韩国的大额经常账户盈余出现大幅回调，这是由于居民海外资产组合投资增加，以养老金和保险公司为首。在外国非居民资产组合投资方面，尽管地缘政治局势持续紧张，但全年呈现净流入。2018年，虽然经常账户盈余预计将低于GDP的5%，但表现仍然强劲。

私营部门的信贷增长放缓，尤其是对家庭。 2017年第四季度，家庭债务水平处于高位，债务增长放缓，同比为个位数。金融机构用于缓解预期和意外损失的缓冲空间仍然十分充足，银行和非银行的资本充足率高，不良贷款率低。在金融市场，随着2017年11月韩国央行上调利率，国债收益率呈现出回升态势，股价呈现上涨趋势。

财政缓冲充足，收入强劲。 2017年，财政收入继续增长，因为税收收入强劲。因创造就业的优先政策，财政支出扩大。在2018年的预算中，政府的目标是重组支出结构，继续扩大支出，改善财政收支平衡。

高水平的家庭负债、不断加剧的贸易保护主义情绪以及地缘政治紧张局势，都会影响韩国经济前景。 伴随贸易保护主义情绪的不断加剧，韩国高水平家庭债务的私人消费等不利影响阻碍经济增长。如果对关键产品征收关税，美国的贸易保护主义措施可能会重挫韩国的强劲出口。地缘政治紧张局势加剧以及全球金融形势趋紧，可能对金融稳定造成严重的尾部风险。

从长远来看，主要挑战是潜在增长不断放缓。 在企业部门，信息通信技术和非信息通信技术公司之间的不平衡增长，以及信息通信技术行业的过度集中，都可能会由于全球信息通信行业衰退或者该行业激烈竞争等使经济容易受到冲击。生产线不断迁移国外可能会对韩国的主要制造业造成不利影响，并进一步削弱国内就业情况。

韩国：主要经济指标图

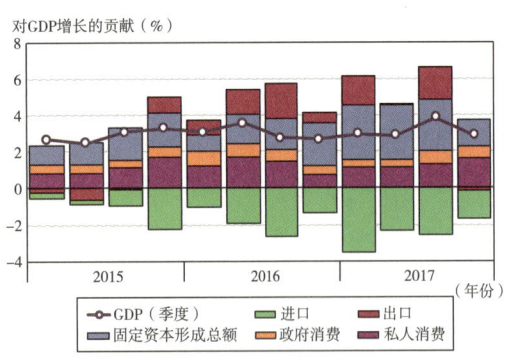

附图37　2017年，私人投资带动经济增长，而私人消费呈现出温和复苏态势

资料来源：韩国央行。

附图38　国际收支方面，在服务账户余额恶化情况下，经常账户总体上仍然呈现出大量盈余

资料来源：韩国央行。

附图39　2017年，财政收支平衡将持续改善

资料来源：韩国战略和财政部。

附图40　总体通货膨胀率回升至2.0%以上，第四季度呈现出下降态势

资料来源：韩国国家统计局。

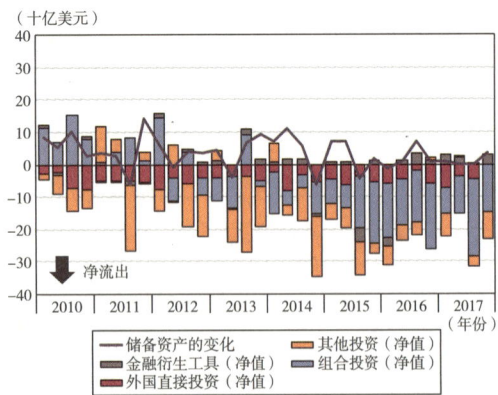

附图41　由于居民持续进行海外组合投资，金融与资本账户出现净流出

资料来源：韩国银行。

附图42　2017年第四季度，家庭债务水平处于高位，同比增长放缓，为个位数

资料来源：韩国银行。

韩国：主要经济指标表

	2014年	2015年	2016年	2017年
实体经济及价格	（年度百分比变动，除非另作说明）			
实际GDP	3.3	2.8	2.9	3.1
私人消费	1.7	2.2	2.5	2.6
政府消费	3.0	3.0	4.5	3.4
建设投资	1.1	6.6	10.3	7.6
设施投资	6.0	4.7	−1.0	14.6
商品与服务出口	2.0	−0.1	2.6	1.9
商品与服务进口	1.5	2.1	4.7	7.0
劳动力市场				
失业率（%）	3.5	3.6	3.7	3.7
价格				
消费者物价指数	1.3	0.7	1.0	1.9
核心通货膨胀（不包括食品和能源）	1.7	2.4	1.9	1.5
国际收支	（十亿美元，除非另作说明）			
经常账户余额	84.4	105.9	99.2	78.5
经常账户余额（占GDP的百分比）	6.0	7.7	7.0	5.1
贸易余额（清关后）	47.2	90.3	89.2	95.2
出口（清关后）	572.7	526.8	495.4	573.7
进口（清关后）	525.5	436.5	406.2	478.5
金融与资本账户余额（不包括国际储备）	71.4	94.2	95.0	82.7
直接投资（净值）	18.8	19.7	17.9	14.6
组合投资（净值）	30.6	49.5	67.0	57.8
金融衍生工具（净值）	−3.8	1.8	−3.4	−8.3
其他投资（净值）	25.9	23.3	13.6	18.5
国际总储备（期末值）	363.6	368.0	371.1	389.3
财政部门（中央政府）	（占GDP的百分比）			
收入总额	24.0	23.8	24.5	24.9
支出总额	23.4	23.8	23.4	23.5
财政盈余	0.6	0.0	1.0	1.4
财政盈余（不包括社会保障基金）	−2.0	−2.4	−1.4	−1.1
货币金融部门	（年化比率，期末，除非另有说明）			
韩国央行基准利率	2.00	1.50	1.25	1.50
三年期国债收益率	2.1	1.7	1.7	2.1
三年期AA级企业债券收益率	2.4	2.1	2.2	2.6
广义货币增长（变化率）	8.7	9.0	7.9	6.6
汇率（韩元/美元，平均值）	1 053.1	1 131.5	1 160.4	1 130.5
汇率（韩元/美元，期末值）	1 099.3	1 172.5	1 207.7	1 070.5
其他项目				
名义GDP（万亿韩元）	1 486.1	1 564.1	1 641.8	1 730.4
名义GDP（十亿美元）	1 411.0	1 382.4	1 414.7	1 530.2

资料来源：韩国政府。

老挝

在2016年电力行业的高增长之后，2017年经济增长放缓，预计2018年将维持稳定。 2017年增长主要推动因素包括农业复苏、建设活动增多，以及电力行业双位数增长（增速有所放缓）。同时，旅游业疲软加上国内需求减弱，拖累了经济。2018年有望平稳增长，电力行业的装机容量不会大幅增加，但旅游业可能在政府"2018老挝之旅"推介活动的带动下有望提振。

食品价格下跌，2017年通货膨胀率大幅下降至0.8%，预计通货膨胀率将在低基数水平上增长。 由于农产品丰收，使得国内食品市场储备充足，这有助于拉低2017年的通货膨胀率。未来，由于食品价格基数较低再加上燃料价格应全球趋势而回升，2018年通货膨胀率预计将上升至2.1%。

经常账户状况有所改善，但2017年的财政整顿仍然充满挑战。 电力、经济特区相关制造业、服装和农产品出口的广泛增长抵消了旅客人数下滑带来的影响，使得2017年经常账户赤字得以缩小。此外，财政部门的挑战仍然存在，财政赤字在GDP中所占百分比从2016年的4.9%扩大至2017年的5.7%。2018年的预算财政赤字占GDP的5.4%。

不断增加的债务负担、收入来源流失，以及水电项目债务偿还等，可能会对财政状况构成压力。 在老挝，约有80%的公共债务以外币计价，这使得其财政状况很容易受到汇率变动的影响。由于在泰国债券市场按商业条款筹集的公共债务越来越多，需要对可能面临的展期风险和利率风险进行密切监测。如果大型水电项目的收入来源与贷款的还款时间匹配得不好，那么有可能导致流动性风险。

2017年，因为外币贷款放缓，导致信贷增长放缓。 央行的主要利率自2015年7月下调以来，一直保持不变。在稳定的货币条件下，2017年12月的信贷增长率从去年的20.9%降至10.8%，主要由于限制外币借贷条例的严格实施，以及对国有企业的信贷收缩。此外，老挝银行下发指示，将外币存贷款的息差从2017年12月的4%降至3%，预计将进一步减少外币借贷。此外，2017年前三个季度的以基普计价的信贷增长率上升至20%以上，但在2017年12月放缓至17.1%。

银行业仍然容易受冲击，这是因为与政府项目有关的遗留"关注类"贷款仍未得到解决。 这些过去的政府项目拖累了银行的资产负债表。政府正在努力采取措施，坚决而清晰地解决这些债务。

全球局势收紧、来自主要贸易伙伴的冲击、商品价格下跌以及气候变化，都有可能构成外部风险。 由于老挝的外部债务水平较高且不断增长，基普贬值可能会增加债务服务负担。国际储备不足使得基普容易受到国际金融市场波动的影响。老挝仍然依赖大宗商品资源行业，特别是铜矿开采和水力发电。在这方面，中国和泰国等主要贸易伙伴对该商品需求的冲击，或者全球大宗商品价格急剧下跌，都会对经济造成不利影响。与气候变化相关的天气异常，这本身也是一种风险。尤其是湄公河上游的严重干旱，可能会减少国家水力发电厂的发电量。

老挝：主要经济指标图

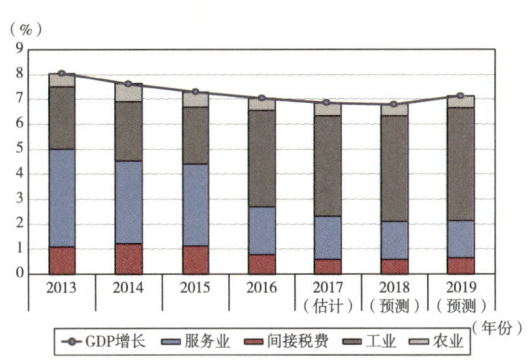

图附43 受采矿和水电行业影响，经济增长转向由工业拉动

资料来源：老挝国家统计局、AMRO估计。

图附44 2017年财政赤字进一步扩大，需要加大力度增加收入并加强支出管理

资料来源：老挝财政部、AMRO估计。

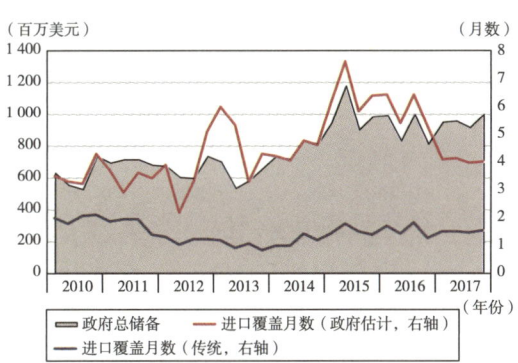

图附45 截至2017年底，政府总储备已增至10亿美元，涵盖四个月的进口量（根据其政府定义）或者一个半月的进口量（根据传统定义）

资料来源：老挝银行、AMRO估计。

图附46 由于食品价格下跌带动非核心通货膨胀率下降，总体通货膨胀率保持在低位

资料来源：老挝国家统计局、AMRO估计。

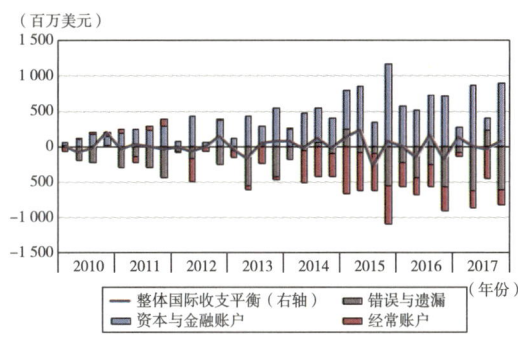

图附47 经常账户赤字缩小以及外国直接投资流入增加改善了国际收支状况，使得2017年的国际收支平衡为正值

资料来源：老挝银行。

图附48 由于对私营部门的信贷放缓以及对国有企业信贷收缩，国内信贷已经呈现下降趋势

资料来源：老挝银行。

老挝：主要经济指标表

	2014年	2015年	2016年	2017年
实体经济及价格	（年度百分比变动，除非另作说明）			
实际GDP	7.6	7.3	7.0	6.8
GDP平减指数	5.7	2.3	3.0	1.5
消费者物价指数（平均值）	4.1	1.3	1.6	0.8
国际收支	（百万美元，除非另作说明）			
出口	4 380.0	3 813.0	4 450.0	5 293.0
进口	7 673.0	7 228.0	6 507.0	7 171.0
贸易余额	−3 293.0	−3 415.0	−2 056.0	−1 878.0
经常账户余额	−2 862.0	−3 228.0	−1 902.0	−1 919.0
占GDP的百分比	−21.6	−22.4	−12.0	−11.3
资本与金融账户余额	1 609.0	2 918.0	2 530.0	2 223.0
总体余额	154.0	171.0	−172.0	185.0
政府总储备	816.0	987.0	815.0	1 000.0
商品和服务进口的覆盖月数	1.2	1.5	1.4	1.5
出口额	23.8	−9.5	15.7	12.7
进口额	6.0	−7.4	−10.6	7.8
贸易条件	−3.6	−5.5	0.2	3.2
外债总额	5.6	6.7	7.3	8.1
占GDP的百分比	42.2	46.6	46.3	47.1
财政部门（一般性政府）	（占GDP的百分比）			
收入和补贴	21.3	19.7	16.8	16.2
支出	25.4	24.5	21.7	21.9
经常支出	16.0	15.2	13.9	13.0
资本支出	9.4	9.3	7.9	8.9
净贷款/借款余额（包括补贴）	−4.1	−4.8	−4.9	−5.7
基础净借贷余额（包括补贴）	−3.2	−3.8	−3.9	−4.6
货币金融部门	（年百分比变动）			
国内信贷	17.7	17.9	18.5	17.1
公共部门	36.7	14.1	9.1	6.4
其中：一般政府	95.2	31.2	−8.8	14.4
私营部门	11.7	19.3	22.0	20.6
广义货币	25.2	14.7	10.9	10.7
储备货币	30.3	18.3	−3.6	5.0
其他项目				
名义GDP（十亿基普）	106 796.0	117 251.0	129 280.0	14 0152.0
名义GDP（百万美元）	13 279.0	14 430.0	15 913.0	17 008.0
汇率（基普/美元，平均值）	8 042.0	8 125.0	8 124.0	8 240.0

注：①GDP数据和财政部门数据是以一个财政年度为基础，截至2016/2017财年，从10月至次年9月。自2018年起，政府将采用自然日历年作为财政年度。②2017年的国际收支数据为AMRO估计结果。③2017年数据为AMRO估计结果。

资料来源：老挝国家统计局、老挝银行、老挝财政部、CEIC、亚洲开发银行、国际货币基金组织、世界银行、AMRO估计和预测。

马来西亚

2017年第四季度GDP增长率升至5.9%，高于市场普遍预期的5.8%。 第四季度的强劲增长归因于持续旺盛的私人消费，以及公共消费的加速。虽然进出口增长均放缓，但净出口也为第四季度的增长做出了贡献。对于2017年全年而言，由于国内需求强劲，尤其是私营部门支出，以及对外部门扩张步伐加快，2017年GDP的增长持续超出预期，达到5.9%。由于私营部门工资持续上涨，就业增长表现强劲，私人消费实现了7%的涨幅。商业情绪仍然乐观，固定资产投资总额大幅增加。同期数据和相关指数（2018年1月）以及工业生产（2018年1月）的最新数据也表明，经济活动的前景看好。预计2018年GDP将有望增长5.3%，2019年增长5%。

尽管进口增长强劲，服务账户赤字扩大，但是经常账户盈余在GDP中所占份额从2016年的2.4%增至2017年的3.0%。 2017年经常账户盈余总额为403亿马来西亚林吉特，创2014年（486亿林吉特）之后的最高水平，这主要受强劲的出口特别是制造业出口的支撑。在全球贸易强劲复苏的背景下，所有主要出口项目和对主要贸易伙伴的出口均呈现加快态势。2017年，中间产品和资本品进口实现双位数增长，这与消费和投资增长以及出口相吻合。

2017年，政府实现了将财政赤字降至GDP的3%的目标，2018年的赤字目标为2.8%。 2017年第四季度，政府收入增长8.3%，主要是由于石油所得税和消费税收入增加，而总支出增长14.2%。总的来说，2017年赤字占GDP的3%。2018年，政府的收入增长目标为6.4%，预计经常项目支出和发展支出将分别增长6.5%和0.2%。

自2017年11月以来，债券市场已经出现净流入。 尽管2018年2月美国股市出现抛售导致净流出，但在2017年12月至2018年1月期间，股市也出现了净流入。资本流出的风险下降，但全球政策环境依然不明朗，美国加息和其他外部事件可能导致资本再次出现外流。然而，鉴于员工公积金等境内大型基金在市场出现抛售情况下购买主权债务，风险仍然处于可控范围内。从积极的角度来看，卖空林吉特的外汇的远期头寸减少，同时近期政府外汇储备增加，林吉特近期也走强。

虽然主要银行业指标总体稳健，但金融脆弱性仍然存在。 豪华公寓和酒店式公寓，以及办公室、零售和商业部门仍然疲软，空置率较高。值得肯定的是，近期家庭债务与GDP的比率在不断下降，马来西亚央行采取的宏观审慎措施在遏制家庭债务和房价增长方面发挥了作用。尽管如此，家庭债务仍然处于较高水平，需持续监控。

尽管进一步实施财政整顿的动力仍然存在，并且债务占GDP的比率有所下降，但政府债务总额以及或有负债依然处于较高水平。 虽然政府债务在GDP中所占比例从2015年第四季度的54.5%降至了2017年第四季度的50.8%，政府担保债务还是从2015年第四季度的15.4%升至2017年第三季度的16.8%。

马来西亚：主要经济指标图

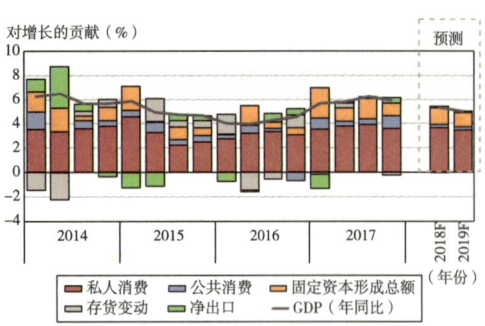

图附49 经济增长在2016年出现拐点，并在2017年进一步加强

资料来源：CEIC、马来西亚统计局、AMRO预测。

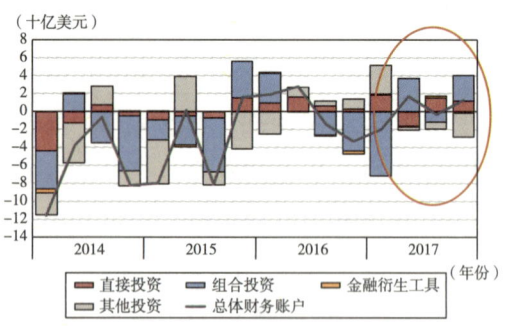

图附50 继2016年第三季度至2017年第一季度资本外流之后，近期资本外流消退

资料来源：CEIC、马来西亚统计局。

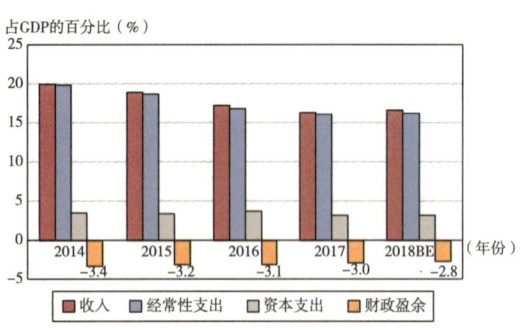

图附51 制定持续削减财政赤字的目标，这显示政府在财政整顿方面的努力

注：2018BE=马来西亚财政部的预算估计。

资料来源：CEIC、马来西亚财政部、2017年/2018年经济报告。

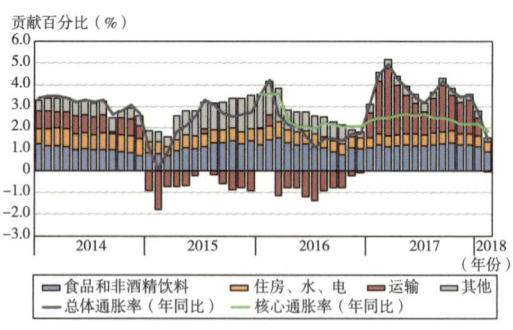

图附52 近期，总体通货膨胀率及核心通货膨胀率均呈现下降趋势

资料来源：CEIC、马来西亚统计局。

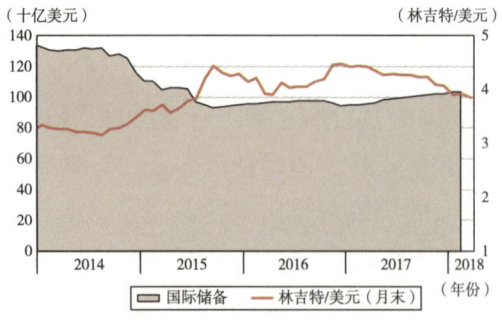

图附53 林吉特升值，国际储备净额增加

资料来源：CEIC、马来西亚国家银行。

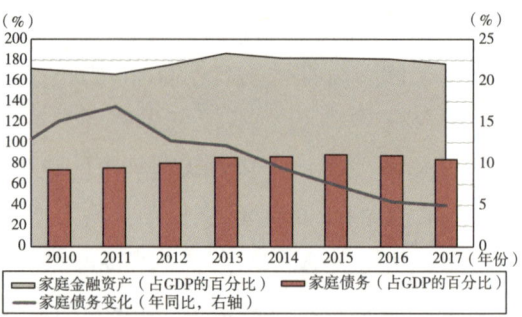

图附54 虽然家庭债务占GDP比率仍然有所增加，但最近一直呈现出缓解态势，家庭拥有大量的金融资产

资料来源：CEIC、马来西亚国家银行。

马来西亚：主要经济指标表

	2014年	2015年	2016年	2017年
实体经济及价格	（年度百分比变动，除非另作说明）			
实际GDP	6.0	5.0	4.2	5.9
实际消费	6.4	5.7	4.9	6.7
实际私人消费	7.0	6.0	6.0	7.0
实际公共消费	4.4	4.4	0.9	5.4
实际固定资本形成总额	4.8	3.6	2.7	6.2
私人	11.1	6.3	4.3	9.3
公共	−4.7	−1.1	−0.5	0.1
商品和服务出口	5.0	0.3	1.1	9.6
商品和服务进口	4.0	0.8	1.1	11.0
国际收支	（十亿美元，除非另作说明）			
出口总额（十亿美元）	233.9	199.2	189.7	217.8
进口总额（十亿美元）	208.9	176.0	168.4	195.1
贸易余额	25.1	23.1	21.2	22.7
经常账户	14.8	9.0	7.0	9.4
经常账户（占GDP的百分比）	4.4	3.0	2.4	3.0
总体财务账户	−24.4	−14.2	−0.3	0.5
直接投资	−5.5	−0.5	3.4	2.9
组合投资	−12.0	−6.7	−3.7	−2.1
金融衍生工具	−0.3	−0.2	−0.2	0.1
其他投资	−6.6	−6.9	0.2	−0.3
外债（占GDP的百分比）	67.6	72.3	74.5	65.3
国际储备	115.9	95.3	94.5	102.4
财政部门	（占GDP的百分比）			
收入	19.9	18.9	17.3	16.3
支出	23.3	22.1	20.4	19.3
经常性支出	19.8	18.7	17.1	16.1
资本支出	3.5	3.4	3.3	3.2
财政盈余	−3.4	−3.2	−3.1	−3.0
联邦政府债务	52.7	54.5	52.7	50.8
货币部门	（百分比）			
总体消费者物价指数（%，平均值）	3.2	2.1	2.1	3.7
核心消费者物价指数（%，平均值）	不适用	不适用	2.4	2.3
汇率（林吉特/美元，平均值）	3.3	3.9	4.1	4.3
国库券利率（%，平均值）	3.1	3.1	2.8	2.9
十年期政府债券利率（%，平均值）	4.0	4.0	3.8	4.0
其他项目				
失业率（占劳动力的百分比）	2.9	3.1	3.4	3.4
名义GDP（十亿林吉特）	1 106	1 158	1 230	1 352
名义GDP（十亿美元）	338.3	297.3	297.1	315.1

注：①截至2014年，外债已根据国际标准重新定义，包括非居民持有的以当地货币计价的债券和其他债务相关的非居民金融资产流动，如贸易信贷、货币和存款、贷款以及其他贷款和负债。此处的数据依照最新定义。②自2016年以来，马来西亚共有219亿林吉特的债务（约为2016年GDP的1.8%）已从联邦政府转移至公共部门的房屋贷款委员会。这里的数据反映了这一变化。

资料来源：CEIC、马来西亚统计局、马来西亚国家银行、马来西亚对外贸易发展局。

缅甸

缅甸经济在2017/2018财年逐渐复苏。 该财年天气条件有利，农业生产实现了丰收。国内石油天然气行业也受益于2017年下半年全球能源价格上涨。通信条件改善，银行业不断扩张，推动了服务业发展。由于制造业在2017/2018财年下半年强劲复苏，该财年的GDP增长估计为7%，2018财年中期预计为7.2%。[1]

与上一财年相比，2017/2018财年通货膨胀有望进一步放缓，主要原因是粮食价格下跌。 在2017年4月至12月期间，通货膨胀率下降至3.6%的平均水平，2016/2017财年为6.8%。2017/2018财年以及2018财年中期的通货膨胀率预计分别为3.8%和4.4%。

国际收支头寸依然疲弱，经常账户赤字处于高位，而2018年外国直接投资流入的回升为收支平衡提供了缓冲。 进口和出口在2017/2018财年前三个季度均有所回升。经常账户赤字可能会进一步扩大，在一定程度上归因于统计调整使用了新的次要收入数据源。外国直接投资呈现出强劲复苏势头，2017/2018财年上半年达到30亿美元，2016/2017财年全年达到37亿美元。就整个财年而言，国际收支可能会出现盈余。

2017/2018财年，财政赤字将扩大。 缅甸计划与财政部的修订估计数据显示，包括补贴在内的收入将在2016/2017财年基础上增长约3%，支出增长约为18%。基础财政赤字可能从2016/2017年度占GDP的1.5%扩大至4.2%左右。由于受到收入下降（与半年的支出相比）的季节性影响，2018财年从4月到9月的半年中期预算赤字增加，需要更多的融资。

增长面临的下行风险主要来自持续存在的种族紧张关系。 局部领域仍然受到直接影响，而更严重的间接影响在稳定性和投资者信心方面。可能发生的长期严重冲突情形会对该国吸引新外商投资的能力产生严重的负面影响，这削弱了商业和投资势头。不仅如此，还可能导致缅甸当前享有或试图在未来获得的优惠贸易安排面临不确定性或挫折。

外部稳定风险依然显著。 由于受到强劲国内消费的推动，进口持续增长，整体贸易逆差仍然较大。农业出口可能会继续受到天气条件变化以及与主要贸易伙伴的双边关系的影响，预计中期能源出口量将下降。2017/2018财年外国直接投资流入回升，这是一个令人鼓舞的迹象。但是，在新的投资法下，新的外国直接投资承诺尚未稳步增长。

在短期内，执行新银行业法规的过渡风险很大。 自2017年7月以来，新的监管条

---

[1] 上一财年始于4月份，止于3月份。特别的半年中期财年从2018年4月到9月，即"2018财年中期"，这有助于将财年转移至从10月至次年9月的周期。

例《巴塞尔资本协定Ⅱ标准框架》已经实施，要求银行维持较高的资本充足率，限制单一借款人的风险敞口，重新分类贷款和预付款，以及收回透支贷款。部分国内银行可能无法在2018年3月31日之前达到资本充足率的要求，亦无法在2018年7月6日之前按要求减少透支额度。不良贷款率一直在上升，从2017年6月的1.66%上升至2017年6月的4%，并且在新资产分类实施后可能进一步增加。

缅甸：主要经济指标图

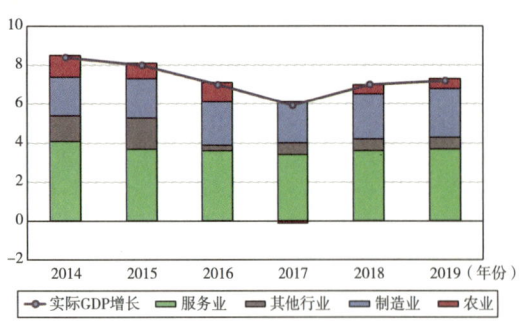

图附55 在2017/2018财年，各行业经济复苏并呈现增长态势

注：数据为财年数据，2014年数据为2013/2014财年数据。

资料来源：缅甸计划部门、AMRO计算。

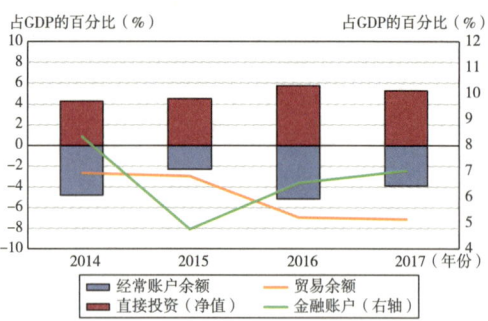

图附56 财务账户外国直接投资流入增加，可能抵消经常账户赤字的扩大，并促成整体余额顺差

注：数据为财年数据。

资料来源：缅甸央行、AMRO计算。

图附57 缅甸央行需要加强外汇储备，以防止外部冲击

注：数据为财年数据。进口覆盖率是指对商品和服务进口的覆盖月数。

资料来源：缅甸央行、AMRO计算。

图附58 尽管石油相关项目带来积极贡献，但由于食品价格通货膨胀率较低，总体通货膨胀率在2017年趋软

资料来源：缅甸中央统计办公室。

图附59 实际有效汇率下降，这是因为缅甸元兑美元处于稳定水平，而其他区域货币兑美元升值

资料来源：缅甸央行、AMRO计算。

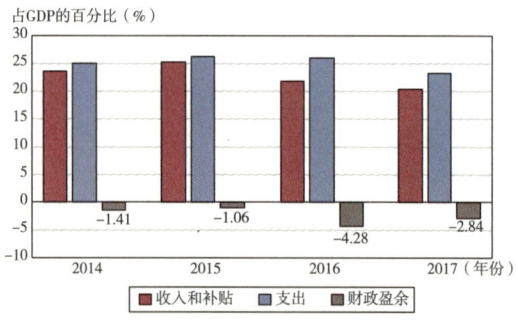

图附60 正如修订预算所估计的那样，2017/2018年财政赤字将扩大

注：数据为财年数据。

资料来源：缅甸计划与财政部、AMRO计算。

缅甸：主要经济指标表

	2015年	2016年	2017年	2018年
实体经济及价格	（年度百分比变动）			
实际GDP	8.0	7.0	5.9	7.0
消费者物价指数（2012年=100，平均值）	5.1	10.0	6.8	3.9
消费者物价指数（2012年=100，期末值）	6.1	8.4	7.0	5.3
国际收支	（占GDP的百分比，除非另作说明）			
经常账户	−2.2	−5.1	−3.9	−4.7
贸易余额	−2.9	−6.9	−7.0	−5.8
金融账户	4.8	6.6	7.1	7.6
直接投资（净值）	4.6	5.8	5.4	6.6
中长期支出	0.8	1.3	0.6	1.0
缅甸央行外汇储备（百万美元）	5 124.6	4 764.0	5 133.9	6 188.0
进口覆盖月数	4.2	3.5	3.8	4.1
外债总额	13.8	16.3	14.6	14.1
财政部门	（占GDP的百分比）			
收入和补贴	25.2	21.7	20.4	18.4
税收收入	9.9	8.6	8.9	8.2
国有企业收入	12.6	10.2	9.1	7.7
支出	26.2	26.0	23.2	24.1
总体余额	−1.1	−4.3	−2.8	−5.7
主要余额	0.3	−3.1	−1.5	−4.2
货币金融部门	（年度百分比变动）			
国内信贷	33.0	37.9	37.2	35.5
私营部门	33.5	33.2	32.7	30.4
汇率（缅甸元/美元，平均值）	997.8	1 316.4	1 268.2	1 341.5
汇率（缅甸元/美元，期末值）	1 027.0	1 216.0	1 362.0	1 321.0
其他项目				
名义GDP（十亿美元）	63.5	58.9	62.4	68.1
名义GDP（十亿缅甸元）	65 261.9	72 714.0	79 720.9	91 320.2

注：①数据为财年数据。缅甸财政年度是从4月1日至次年3月31日。2018财政年度为2017年4月1日至2018年3月31日。②实际GDP采用2010/2011年度作为基准年。③合并公共部门包括工会和州/区政府和国有经济实体。

资料来源：缅甸政府，AMRO估计。

菲律宾

菲律宾经济增长虽然在2017年略有回落，但总体表现依然强劲。 由于固定投资减速，2017年实际GDP增长率从2016年的6.9%下降至2017年的6.7%。私人消费也有所放缓，但全年普遍维持增长态势，这得益于就业增加和汇款持续流入。在第一季度疲软之后，在随后的三个季度中政府支出有所改善，使得公共支出走高。由于出口量超过进口量，2017年净出口量也有所改善。预计菲律宾经济将在2018年增长6.8%，这是因为出口有望保持强劲增长，而执行预算的障碍正在逐步克服。

总体通货膨胀率上升，预计2018年将持续上涨。 食品和能源价格上涨，通货膨胀率在2017~2018年2月期间从2016年的1.8%升至3±1%的目标范围内。由于国内需求坚挺，核心通货膨胀率也有所上升。而最近获批的税制改革增加了消费税率，原油价格上涨以及比索持续贬值带来的影响，预计总体通货膨胀率将在2018年略高于4%的上限。

尽管国际收支仍然为赤字，但是外部缓冲依然充足。 国际收支平衡赤字从2016年的4.201亿美元扩大至2017年的8.628亿美元。2018年前两个月，增长至9.607亿美元。收支平衡赤字的扩大反过来又给比索造成了压力。在2015年底至2018年3月底期间，比索兑美元贬值了10.7%。但是，截至2018年2月的总储备（约为804亿美元）足以涵盖3.5倍的短期外债余额和经常账户赤字。

自从采用利率走廊（IRC）框架以来，BSP在改善货币政策传播方面取得了进展。 2016年6月，BSP开始使用利率走廊系统作为调控目标，以便在金融系统流动性过剩的环境下改善货币政策的传导。自采用利率走廊以来，定期存款工具（TDF）的交易量随着TDF的利率上浮而增加。短期利率，如三月期国库债券收益率，也逐渐接近走廊下限。BSP对利率走廊框架越来越有信心，BSP在2月份开始分阶段降低存款准备金率（RRR），降低了1%，至19%。降低存款准备金率将增加流动性，同时，利率走廊下的对基础货币的拍卖操作将减少流动性，BSP希望二者能够抵消。

金融市场流动充足，银行体系继续保持良好的资产质量。 但是，仍然需要对迅速扩张的信贷实施严密监管。整个银行体系的不良贷款总额连续五年下降，不良贷款率从2013年3月的3.4%降至2018年1月的1.8%。截至2017年底，不良贷款拨备覆盖率为120.7%，银行体系针对信贷损失的拨备十分充足。此外，银行资本充足，资本充足率高于BSP 10%的监管门槛。然而，仍然需要密切监控信贷扩张速度加快的情况，2017年信贷增长是全年名义GDP增长速度的两倍，特别是随着普惠性金融的发展以及银行体系竞争力的提升，贷款可能呈现出进一步加速的态势。房地产和汽车部门的不良贷款率相对较高，已经呈现出风险隐患。

当前正在推行财政改革，以推动基础设施建设并提高经济的增长潜力。 政府已承诺将基础设施支出占GDP的比例从2017年的5.4%增至2022年的7.3%。这使得2017~2022年期间的预算赤字限额从GDP的2%增长至3%。然而，支出的增加需要收入的增加，预期综合税收改革计划将增加收入，以便维持债务与GDP比率的下降趋势。自2018年1月以来，税收改革的第一套方案已经实施，包括降低个人所得税率并引入一些间接税。第二套税收改革方案已由财政部提交给立法机构，主要包括降低企业所得税率以及财政激励措施。

菲律宾：主要经济指标图

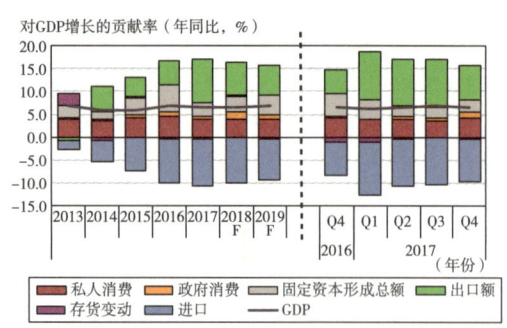

图附61　由于2016年选举导致固定投资减少，2017年的经济增长有所放缓

资料来源：菲律宾统计部门。

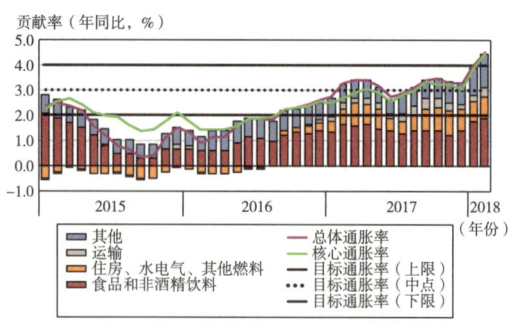

图附62　近几个月食品和能源价格上涨推高通货膨胀率，直逼政府目标通货膨胀率上限

注：数据基于2006基准年。

资料来源：菲律宾统计部门。

图附63　国际收支赤字扩大，给比索增加贬值压力

资料来源：菲律宾央行。

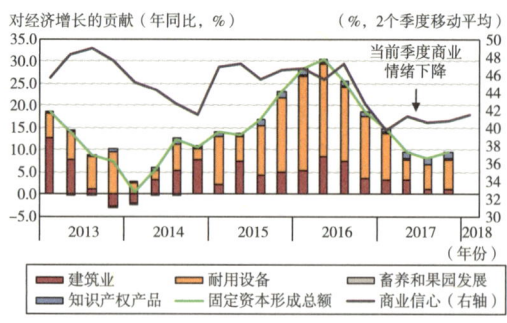

图附64　投资放缓可能是商业信心下降所致

资料来源：菲律宾央行、菲律宾统计部门。

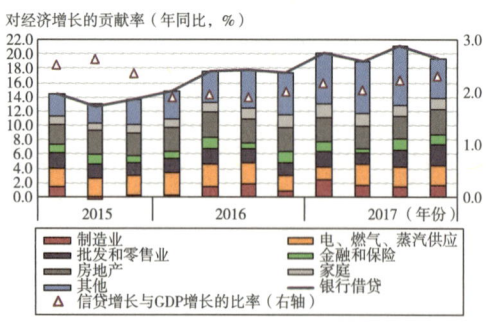

图附65　对各个行业的信贷实现增长，明显快于名义GDP增速

资料来源：菲律宾央行、菲律宾统计部门。

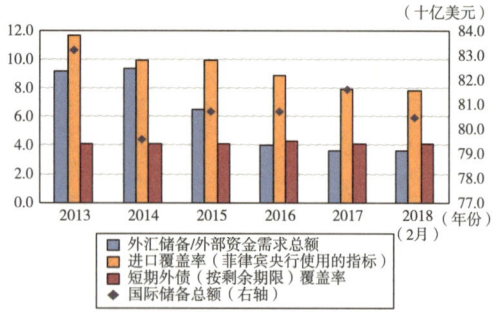

图附66　外汇储备充足，足以缓冲外部冲击

资料来源：菲律宾央行。

菲律宾：主要经济指标表

	2014年	2015年	2016年	2017年
实体经济及价格	（年度百分比变动，除非另作说明）			
实际GDP	6.1	6.1	6.9	6.7
私人消费	5.6	6.3	7.0	5.8
政府消费	3.3	7.6	8.4	7.3
固定资本形成总额	7.2	16.9	25.2	10.3
商品和服务出口	12.6	8.5	10.7	19.2
商品和服务进口	9.9	14.6	18.5	17.6
价格				
消费者物价指数（期末值）	2.7	1.5	2.6	3.3
消费者物价指数（平均值）	4.1	1.4	1.8	3.2
核心通货膨胀率（平均值）	3.0	2.1	1.9	2.9
GDP平减指数	3.2	−0.6	1.7	2.3
国际收支	（十亿美元，除非另作说明）			
经常账户	10.8	7.3	−1.2	−2.5
（占GDP的百分比）	3.8	2.5	−0.4	−0.8
贸易余额	−17.3	−23.3	−35.5	−41.2
出口，离岸价格	49.8	43.2	42.7	48.2
进口，离岸价格	67.2	66.5	78.3	89.4
服务账户	4.6	5.5	7.0	9.5
收入	25.5	29.1	31.2	35.6
支出	20.9	23.6	24.2	26.1
主要收入（净值）	0.7	1.9	2.6	3.1
次级收入（净值）	22.8	23.3	24.7	26.1
金融账户	9.6	2.3	0.2	−2.2
直接投资（净值）	1.0	−0.1	−5.9	−8.1
海外直接投资	6.8	5.5	2.4	1.9
外国直接投资	5.7	5.6	8.3	10.0
组合投资（净值）	2.7	5.5	1.5	3.9
净增金融资产	2.7	3.3	1.2	3.1
净负债	0.0	−2.1	−0.3	−0.8
其他投资（净值）	5.9	−3.1	4.6	2.1
总体盈余	−2.9	2.6	−0.4	−0.9
国际储备总额（期末值）	79.5	80.7	80.7	81.6
（对商品与服务进口的覆盖月数）	10.8	10.7	9.4	8.5
外债总额（占GDP的百分比）	27.3	26.5	24.5	23.3
短期外债（占总额的百分比）	20.9	19.5	19.4	19.5
财政部门（国家政府）	（占GDP的百分比）			
政府收入	15.1	15.8	15.2	15.7
政府支出	15.7	16.7	17.6	17.9
财政盈余	−0.6	−0.9	−2.4	−2.2
主要余额	2.0	1.4	−0.3	−0.3
政府债务	45.4	44.7	42.1	42.1
政府债务，包括或有负债	49.8	48.8	45.6	45.1
货币金融部门	（期末百分比变动，除非另作说明）			
国内信贷	17.8	11.5	17.0	13.7
其中：私营部门	19.9	12.1	16.6	16.1
广义货币	12.4	9.3	13.4	11.4
其他项目				
汇率（比索/美元，平均值）	44.4	45.5	47.5	50.4
汇率（比索/美元，期末值）	44.6	47.2	49.8	49.9
按现行价格计算的GDP（万亿比索）	12.6	13.3	14.5	15.8
按现行价格计算的GDP（十亿美元）	284.6	292.8	304.9	313.4
人均GDP（美元）	2 849.3	2 882.7	2 953.3	2 987.2

资料来源：菲律政府、AMRO估值。

新加坡

不论从供给侧还是需求侧来看，经济增长势头保持强劲并惠及更多的部门。 单就供给侧而言，虽然制造业等外向型行业的增长虽然慢于2017年第三季度的峰值，但仍保持强劲增长。除了建筑业，其他内向型行业都正在迎头赶上。从需求侧看，从2017年第二季度起私人消费不断得到改善。令人鼓舞的是，虽然在2016年第三季度至2017年第三季度投资出现下滑，但于2017年第四季度开始反弹。

随着经济的复苏和改革，劳动力市场也在不断改善。 就业人数经历了连续几个季度的下降后，在2017年第四季度有所提高。裁员数量自2016年第四季度达到峰值后也开始下降。居民和公民失业率在2017年12月也有所下降。金融服务和信息通信技术等高附加值行业全年的就业岗位有所增加，这反映出就业岗位不断向高附加值行业转移的趋势。

通货膨胀率仍处于低位，但预计会略有上升。 2018年前两个月的核心通货膨胀率为1.6%，与2017年平均通货膨胀率大致相同。由于此前一段时期劳动力市场持续疲软，短期内工资增长得到抑制。但从中期来看，劳动力市场持续好转，进口价格提高以及国内需求的坚挺将对通货膨胀构成上行压力。

中期内通货膨胀率会有所上升，货币政策应做好正常化的准备。 虽然通货膨胀率不会立刻上升，但是随着经济增长，劳动力市场的进一步复苏，同时也由于外籍劳工政策已经收紧，在中期内通货膨胀率将上升。因此，就货币政策立场而言，我们建议为政策的最终正常化做好准备。

银行贷款强劲反弹，股市欣欣向荣。 2017年，银行对企业的贷款特别是跨境贷款有所回升，而住房贷款的增长则相对温和。虽然近期股市出现了全球波动，但基准海峡时报指数在2017年第四季度和2018年第一季度仍上涨了6.5%。

2017财年实现了可观的财政盈余。 主要由于来自新加坡金融管理局投资组合的特殊贡献，房地产市场交易的印花税税收增加，以及其他有利的周期性因素，2017财年的财政盈余占到GDP的2.1%。

2018财年的财政刺激力度将加大，将大幅增加基础设施等方面的支出。 新加坡旨在大力投资基础设施，将其打造成为区域经济活动的中心，因此2018财年的总支出预算增加了8.3%。新加坡将进一步加强基础设施建设，进而抓住未来的发展机遇并进一步改善生活条件。

2018年财政预算案将大力支持企业发展并鼓励提高生产力。 预算将加强并扩大企业所得税回扣和加薪补贴计划。在许多激励措施中，其中一项是"生产力解决方案津贴计划"，旨在大力支持企业采用提升生产力的技术或解决方案。这些措施将有助于增强经济活力，鼓励创新。

政府一直致力于引导国家走向劳动密集型、高生产率和创新型经济发展道路。 在未来经济委员会的战略指引下，各政府机构纷纷制定并实施行业方案，调整经济结构。迄今为止，政府已经推出共23个产业转型蓝图。劳方、资方、政府三方紧密合作将是成功实施这些方案的关键。

在房地产市场复苏的同时，宏观审慎措施颇有成效，应继续保持当前政策。 2017年私人住宅交易量显著增长。销售总额达到2007以来的最高水平。新加坡SRX高频指数（非有地房产）指数，2018年2月同比上涨了9.4%。办公室租赁价格也在2017年第四季度出现反弹。

贸易保护主义情绪上涨是重大风险。 贸易保护主义情绪可能导致一些发达国家采取贸易保护措施，致使全球贸易增长受挫、新加坡经济增长下滑。

企业债务和家庭债务仍处于高位，一些借款者对突发性利率上涨比较敏感。 在低利率环境下，企业和家庭债务在全球金融危机后都已提高杠杆率。新加坡利率往往和美国利率同步上涨，而由于美国经济目前处在经济周期的后期，供给方受到限制，将上调政策利率。这将增加新加坡企业和家庭的偿债负担，还可能给部分借款方造成压力。

新加坡：主要经济指标图

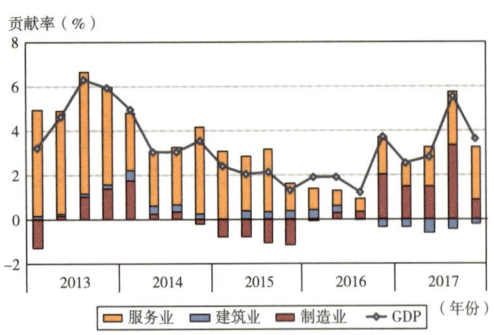

图附67 在最近几个季度经济加速增长，其中制造业增长，也惠及服务业

资料来源：新加坡贸工部、新加坡国家统计局。

图附68 在经济复苏和结构调整背景下，劳动力市场也在不断改善就业变化（千人）

资料来源：新加坡人力部人力资源研究与统计局。

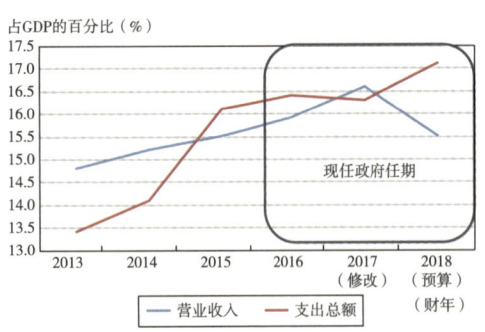

图附69 财政政策继续支持经济复苏和结构调整，2018财年的财政刺激力度加大

资料来源：新加坡财政部。

图附70 贸易量特别是非石油国内出口强劲反弹

资料来源：新加坡企业发展局、CEIC、AMRO计算。

图附71 通货膨胀率近期有所回升，但仍然保持低位。近期工资增长将受到抑制，但会在中期内上扬

资料来源：新加坡国家统计局、CEIC。

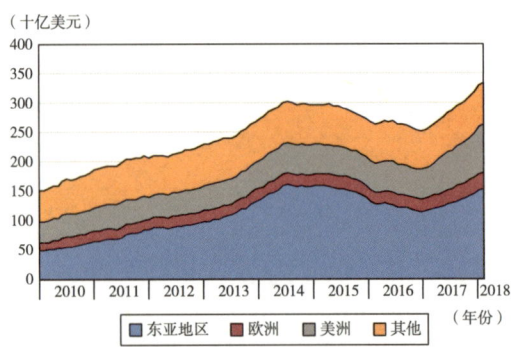

图附72 对非银行客户的跨境银行贷款增长最为迅速，尤其是对东亚地区

资料来源：新加坡金融管理局。

新加坡：主要经济指标表

	2014年	2015年	2016年	2017年
实体经济及价格	（年度百分比变动，除非另作说明）			
实际GDP	3.9	2.2	2.4	3.6
实际私人消费	3.4	4.9	1.7	3.1
实际公共消费	0.2	7.8	3.5	4.1
固定资本形成总额	5.5	2.2	-0.6	-1.8
商品和服务出口	3.4	4.7	1.1	4.1
商品和服务进口	2.9	4.1	0.1	5.2
制造业	2.7	-5.1	3.7	10.1
建筑业	7.6	5.8	1.9	-8.4
服务业	4.3	3.5	1.4	2.8
批发和零售贸易	3.0	3.6	1.0	2.3
储运业	3.1	1.9	1.3	4.8
住宿与餐饮业	2.8	0.1	3.8	1.2
信息与通信业	7.6	-1.2	3.6	3.3
金融保险业	9.3	5.3	1.6	4.8
商业服务	2.0	5.4	-0.3	0.6
其他服务业	3.8	2.2	3.5	2.6
国际收支	（十亿新元，除非另作说明）			
商品出口（年同比，%）	-0.5	-5.2	-5.0	9.2
服务出口（年同比，%）	10.2	8.0	2.2	4.2
经常账户	73.7	77.7	81.3	84.2
经常账户（占GDP的百分比）	18.7	18.6	19.0	18.8
资本与金融账户	-67.1	-74.0	-83.7	-46.5
直接投资（净值）	21.7	54.3	64.0	53.8
组合投资（净值）	-57.2	-81.5	-37.4	-47.4
其他投资（净值）	-33.3	-54.9	-91.2	-71.4
总体余额	8.6	1.5	-2.5	37.8
官方储备资产（十亿美元，期末值）	256.9	247.7	246.6	279.9
财政部门	（占GDP的百分比）			
经常性收入	15.2	15.5	15.9	16.6
总支出	14.1	16.1	16.4	16.3
基础盈余/赤字	1.0	-0.6	-0.5	0.3
总预算盈余/赤字	0.1	-1.0	1.4	2.1
货币金融部门	（年度百分比变动，除非另作说明）			
新加坡金融管理局核心通货膨胀率	1.9	0.5	0.9	1.5
消费者物价指数	1.0	-0.5	-0.5	0.6
失业率（年平均，%）	2.0	1.9	2.1	2.2
三个月新元银行同业拆息率（期末值，%）	0.5	1.2	1.0	1.5
海峡时报指数（期末值）	3 365	2 883	2 881	3 403
私人住宅售价指数（2009年第一季度=100）	147.0	141.6	137.2	138.7
即期汇率（新元/美元，平均值）	1.27	1.37	1.38	1.38

注：根据《国际收支和国际投资头寸手册》（第6版），金融账户的符号惯例发生了变化。正号代表资产或负债的增加，以及净余额中的净流出。但是本表格仍使用以前的符号惯例。

资料来源：新加坡政府、CEIC、AMRO计算。

泰国

泰国经济增长动力十足。 泰国2017年的经济增长率达到3.9%，这主要得益于强劲的商品和服务出口，以及国内私人消费的持续增长。全球需求不断增加，加上IT行业处于上行周期，推动出口激增。就国内而言，虽然整个2017年的私人投资仍旧疲软，但产能利用率、外国直接投资承诺金额以及资本商品进口纷纷增长，私人投资前景一片光明。生产方面，制造业产量与出口一并增加，服务业则受益于繁荣的旅游业而强劲增长。但很多地区爆发洪灾，导致农产品生产波动。

通货膨胀压力依然较小，货币环境较为宽松。 由于全球能源价格上涨，给泰国消费者价格带来上行压力；但2017年的总体通货膨胀率为0.66%，低于泰国银行的中期通货膨胀目标（2.5±1.5%）。核心通货膨胀率连续三年低于1%，而通货膨胀预期已有所上升。自2015年4月最后一次降息后，政策利率一直维持在1.5%。

国际收支头寸继续增强，经常账户盈余扩大且国际储备充足。 鉴于旅游业繁荣且出口形势好转，2017年经常账户盈余可观并进一步扩大。部分经常账户盈余得以有效利用，它们用来对外国进行直接投资，或以组合投资形式投资外国证券。随着泰国银行进一步开放资本账户，本地投资者的投资组合更多样化，以及随着泰国企业海外业务扩张等因素，居民对外投资将会扩大。2017年国际收支总体盈余扩大，导致泰铢进一步升值以及国际储备增加，商品和服务进口在10个月内均维持此状态。

扩张性财政政策也将支持2018年的经济复苏。 现任政府采取了积极的财政措施和准财政措施支持经济增长。为刺激基层经济，继前两个财年后，政府连续第三年为2018财年[1]追加预算。政府还计划通过政府投资项目和国营企业的投资项目扩大并加快公共投资。随着2018年2月《东部经济走廊法令》生效，基础设施投资有望进一步扩大。虽然追加预算且公共投资预计将大幅增加，但财政形势依然乐观。在2018财年，财政赤字预计占GDP的3.5%左右，公共债务将维持在略高于GDP的40%水平。

家庭债务水平仍处于高位，信贷质量稳定，同时居民不断追求高收益率，金融体系整体上保持稳健。 由于家庭信贷增长放缓，市场对家庭负债过高的担忧有所缓解。但低收入家庭、农业家庭和中小企业家庭仍然面临较大风险。与此同时，虽然因为经济长期疲软，贷款质量受压，但是经过2017年经济大幅好转后，贷款质量也稳定下来。商业银行和国有专业金融机构资本金充足，贷款损失准备金充足，进而可防范可能上升的信贷风险。另外，在低利率环境下，投资者继续追求高收益，这一点值得持续关注。

展望未来，预计2018年经济将增长3.9%，2019年将略降至3.7%。 外部和内

---

[1] 泰国2018财政年度为2017年10月1日至2018年9月30日。

部驱动因素对经济增长的贡献将更加平衡。由于出口可能放缓而用于基础设施建设和私人投资的资本商品进口不断增加，净出口的贡献率将有所下降。国内方面，私人消费有望以相同的速度继续增长，而私人投资预计将更加强劲。预计2018年和2019年的总体通货膨胀率分别为1%和1.6%，与本区域其他国家相比仍然较低。

贸易保护主义、发达经济体的货币政策以及国内的结构性问题等都对泰国经济发展前景构成了潜在挑战。贸易保护主义情绪升温，尤其是中美两国之间的贸易战，可能对泰国和其他区域经济体的出口带来负面溢出效应。此外，美国快于预期的加息步伐可能会加大资本流动的波动风险。就国内而言，泰国正努力提高其在全球价值链中的地位并追求更先进的技术，因此科技和工程领域需要大量专业人才。人口老龄化进程加快，将限制未来几十年私营部门的劳动力供应。

泰国：主要经济指标图

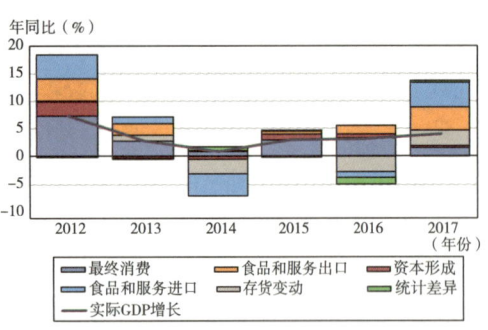

图附73　得益于商品和服务出口以及强劲的国内私人消费，2017年泰国经济进一步增长

资料来源：泰国国家经济和社会发展委员会办公室、AMRO计算。

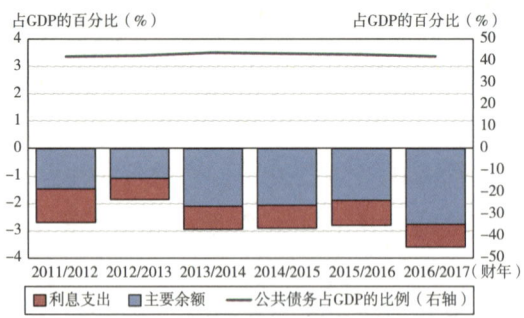

图附74　充足的财政空间为政府实施更多财政刺激措施留足了余地

资料来源：泰国财政政策办公厅、泰国公共债务管理办公厅。

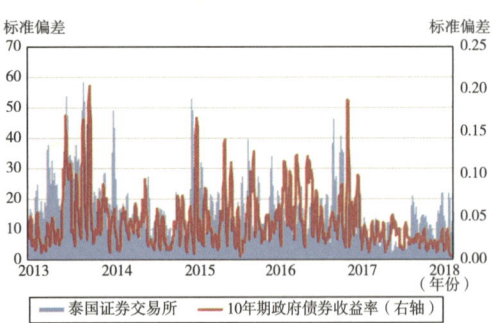

图附75　近期金融市场波动加剧，但程度低于美国"削减恐慌"和美国总统选举期间的动荡

资料来源：泰国证券交易所、泰国银行、AMRO计算。

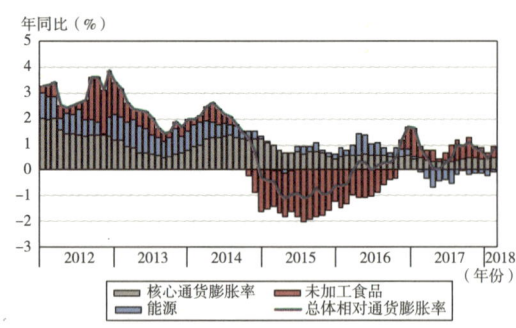

图附76　总体通货膨胀率仍低于泰国银行的中期通货膨胀目标

注：泰国银行的中期通货膨胀目标是2.5±1.5%。

资料来源：泰国商务部、AMRO计算。

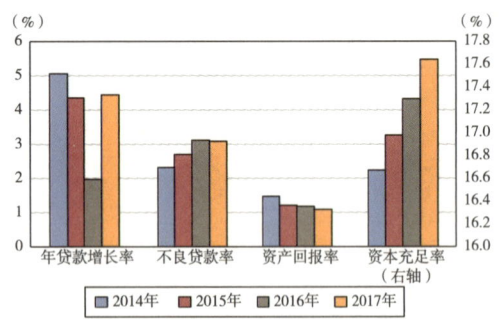

图附77　尽管不良贷款不断增加，但资本缓冲充足，银行体系依然稳健

注：贷款增长率是指除商业银行（包括泰国商业银行及外国银行分支）的银行间贷款以外的贷款总额增长。不良贷款率、资产回报率以及资本充足率只包括泰国商业银行的数据。

资料来源：泰国银行、AMRO计算。

图附78　受可观的国际收支盈余推动，泰铢对主要贸易伙伴国的货币升值

资料来源：泰国证券交易所、泰国债券市场协会。

泰国：主要经济指标表

	2014年	2015年	2016年	2017年
实体经济及价格	（年度百分比变动，除非另作说明）			
实际GDP	1.0	3.0	3.3	3.9
最终消费	1.5	2.3	2.8	2.6
私营部门	0.8	2.3	3.0	3.2
一般政府部门	2.8	2.5	2.2	0.5
资本形成	−2.2	4.3	2.8	0.9
私营部门	−0.9	−2.1	0.5	1.7
一般政府部门	−6.6	28.4	9.5	−1.2
商品和服务出口	0.3	1.6	2.8	5.5
商品和服务进口	−5.3	0.0	−1.0	6.8
失业率（%，平均值）	0.8	0.9	1.0	1.3
消费者物价指数（平均值）	1.9	−0.9	0.2	0.7
消费者物价指数（期末值）	0.6	−0.9	1.1	0.8
国际收支	（十亿美元，除非另作说明）			
经常账户	15.2	32.1	48.2	48.1
（占GDP的百分比）	3.8	8.0	11.7	10.6
贸易余额	17.2	26.8	36.5	31.9
出口，离岸价格	226.6	214.0	214.3	235.1
进口，离岸价格	209.4	187.2	177.7	203.2
服务业，净值	10.3	19.2	24.2	29.8
收入	55.5	61.8	67.7	75.7
支出	45.2	42.5	43.5	45.8
主要收入（净值）	−21.0	−20.6	−19.3	−21.0
次级收入（净值）	8.7	6.7	6.8	7.4
金融账户余额	−16.0	−16.8	−21.0	−18.2
直接投资（净值）	−0.8	3.9	−10.3	−11.6
组合投资（净值）	−12.0	−16.5	−2.8	−2.5
其他投资（净值）	−3.2	−4.3	−7.9	−4.1
总体余额	−1.2	5.9	12.8	26.0
除净远期头寸的总国际储备	157.1	156.5	171.9	202.6
（对商品与服务进口的覆盖月数）	7.4	8.2	9.3	9.5
外债总额占GDP的百分比[2]	34.7	32.0	32.5	35.2
还本付息占商品和服务出口的百分比	4.9	6.3	5.8	5.7
财政部门[1]	（占财年GDP的百分比）			
收入	15.8	16.2	16.8	15.5
支出	18.7	19.1	19.6	19.0
预算余额	−2.9	−2.9	−2.8	−3.5
公共债务	43.6	43.1	42.8	42.4
货币金融部门	（年度百分比变动）			
国内信贷（年同比，%）	4.2	5.6	3.5	4.1
政策利率（年化比率，期末）	2.0	1.5	1.5	1.5
10年期政府债券收益率（年化比率，期末值）	2.8	2.6	2.8	2.6
其他项目	（占财年GDP的百分比）			
汇率（泰铢/美元，平均值）	32.5	34.3	35.3	33.9
GDP（十亿泰铢）	13 230.3	13 747.0	14 533.5	15 450.1
GDP（十亿美元）	407.2	401.9	411.8	455.8
人均GDP（美元）	6 259.9	6 411.4	6 246.5	6 886.7

注：[1]泰国的财政年度为每年的10月1日至次年的9月30日。例如，2018财年从2017年10月1日开始至2018年9月30日结束。[2]分母已根据世界银行的方法进行调整，即按3年移动平均值计算GDP。

资料来源：泰国政府、AMRO计算。

越南

得益于制造业出口、国内需求的增长以及农业产量的回升，2017年越南经济强劲反弹。 2017年实际GDP增长率为6.8%，高于上一年的6.2%。在稳健的国内消费和投资以及强劲出口的带动下，2017年下半年经济加速增长。短期经济增长前景依然乐观，2018年第一季度实际GDP升至7.4%，达到过去7年来第一季度的最高增长率。

虽然总体通货膨胀率有所回升，但基础通货膨胀压力仍处于低位。 由于油价上升和政府对物价上涨的控制，2017年总体消费者物价指数高于上一年的2.7%，平均达到3.5%。但基础通货膨胀压力较小，2017年平均核心消费者物价指数仅为1.4%，低于2016年的1.8%。2018年，通货膨胀率预计将维持在大约4%的政府目标范围内。

由于出口表现强劲且外国投资增加，2017年的整体国际收支出现大量盈余。 以信息技术与通信产品为主导，出口增长有所回升，维持了2017年的经常账户盈余。2017年外国投资流入量激增，部分原因是几宗大型并购交易。在此背景下，2017年越南盾相对保持稳定，且国际储备总额大幅增加，足以覆盖约2.8个月的商品和服务进口。

货币政策继续支持经济增长。 截至2017年11月，信贷增长率达到19.1%，高于18%的目标。早些时候收紧的宏观审慎措施可能发挥了作用，按揭贷款和其他个人消费贷款增长有所放缓；建筑贷款仍保持快速增长。越南国家银行在2017年7月将再融资利率和再贴现利率下调了25个基点，并在2018年1月将（逆）回购利率（越南称为"公开市场操作利率"）从5%下调至4.75%，同时将2018年的信贷增长目标稍降至17%。

为推动银行业改革进程，越南启动了一系列体制改革措施，包括批准不良贷款处理试行方案（第42号决议）和2016~2020年信贷机构重组计划。 据报道，2017年越来越多的银行回购早前转移到越南资产管理公司的不良贷款，并将其列入资产负债表中。越南资产管理公司已和六家商业银行签订了不良贷款处理协议，利用第42号决议的框架让银行和越南资产管理公司从违约借款人手中迅速收回抵押品。但银行的资本充足率相对较低，由于越南资产管理公司遗留的不良贷款，银行资产质量的改善受到限制，虽然这些不良贷款最近已有所减少，但不良率仍保持在3%左右。

2017年继续进行财政整顿。 由于土地收入和国有企业股权收益增加，2016年财政状况得到了改善。2017年税收收入超过预算目标，这主要得益于丰厚的税收收入以及仍然可观的土地收入。2016年经常性支出从高位回归正常，因此预算支出速度放缓，而2017年资本支出有所增加。财政赤字总额从2016年占GDP的5.6%降到2017年的3.5%，这与政府的目标相一致。在最近通过的五年财政计划和2016~2020年中期公共投资计划下，越南财政部提出了一系列增加税收的结构性措施。在财政状况改善的情况下，2017年公共债务预计已从2016年占GDP 63.6%的峰值，降至占GDP的61.4%。

越南：主要经济指标图

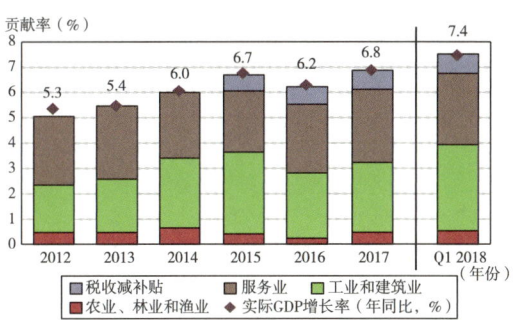

图附79 经济增长在2017年强劲反弹，并在2018年初进一步增长

资料来源：越南国家统计局、CEIC、AMRO计算。

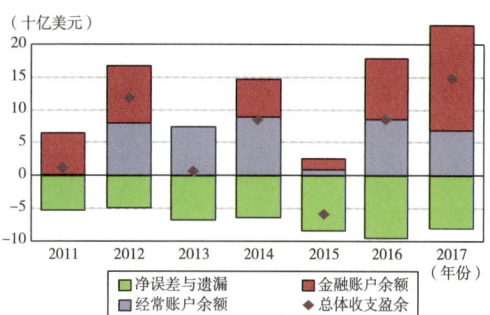

图附80 由于出口表现强劲且外国投资增加，2017年的整体国际收支出现大量盈余

注：2017年数据为AMRO估计。

资料来源：越南国家银行、IMF、AMRO计算。

图附81 公共债务在2017年财政整顿后有所缓和

资料来源：越南财政部、AMRO计算。

图附82 总体消费者物价指数在2018年2月上涨3%后，于3月出现缓和，且有望在2018年继续受到抑制

资料来源：越南国家统计局、CEIC、AMRO计算。

图附83 在信息技术和通信产品出口上升的带动下，出口增长反弹

资料来源：越南国家统计局、越南国家银行、国际货币基金组织、AMRO计算。

图附84 据报道，几家银行加快处理遗留的不良贷款，但越南资产管理公司未处理的不良贷款仍保持在较高水平

资料来源：越南国家银行、CEIC、AMRO计算。

越南：主要经济指标表

	2014年	2015年	2016年	2017年
实体经济及价格	（年度百分比变动）			
实际GDP	6.0	6.7	6.2	6.8
GDP平减指数	3.7	−0.2	1.1	4.1
消费者物价指数（平均值）	4.1	0.6	2.7	3.5
消费者物价指数（期末值）	1.9	0.6	4.7	2.6
国际收支	（十亿美元）			
贸易余额	11.9	7.4	14.0	11.3
经常账户余额	8.9	0.9	8.5	6.8
占GDP的百分比	4.8	0.5	4.2	3.1
总体余额	8.4	−6.0	8.4	14.8
国际总储备				
对商品和服务进口的覆盖数月	2.7	2.0	2.4	2.8
对短期债务的覆盖率	2.3	1.9	2.1	2.8
	（年度百分比变动）			
出口额	12.5	12.1	11.1	17.6
出口单位价值（美元）	1.1	−3.8	−1.8	2.9
进口额	13.3	18.8	11.1	18.2
进口单位价值（美元）	−1.1	−5.8	−5.3	2.6
贸易条件	0.6	2.1	2.7	0.3
财政部门（一般性政府）	（占GDP的百分比）			
收入和补贴	22.3	23.8	24.5	24.8
支出	28.6	30.3	30.1	28.2
费用	20.1	20.8	22.8	20.3
对非金融资产的净收购	8.5	9.5	7.3	7.8
净借/贷余额	−6.9	−6.7	−5.6	−3.5
基础净借/贷余额	−5.1	−4.7	−3.6	−1.5
货币金融部门	（以年度变化百分比计）			
国内信贷	15.4	20.2	17.2	17.1
一般性政府部门	29.6	29.9	6.3	8.2
其他	13.8	18.8	18.8	18.2
广义货币	19.7	14.9	17.9	20.7
其他项目				
汇率（越南盾/美元，平均值）	21 148	21 698	21 932	22 370
汇率（越南盾/美元，期末值）	21 246	21 890	22 159	22 580
名义GDP（十亿美元）	186.2	193.2	205.3	223.9
名义GDP（万亿越南盾）	3 938	4 193	4 503	5 008

注：2017年的国际收支和货币部门数据来自AMRO估值。AMRO利用越南财政部2013~2015年的最终账户数据和2016~2017年的估算数据计算一般性政府数据。

资料来源：越南政府、国际货币基金组织、世界银行、CEIC、AMRO计算。

参考文献

[1] Ahmed, S. Amer, Cruz, Marcio, Quillin, Bryce, and Schellekens, Philip. (2016, November). *Demographic Change and Development:Looking at Challenges and Opportunities through a New Typology.* World Bank Policy Research Working Paper No. 7893.

[2] Alesina, Alberto. (2003). Joseph Schumpeter Lecture:*The Size of Countries:Does It Matter?*

[3] ASEAN. (2016). ASEAN Tourism Strategic Plan 2016–2025.

[4] ASEAN and UNCTAD. (2016). *ASEAN Investment Report 2016:Foreign Direct Investment and MSME Linkages.*

[5] ASEAN+3 Macroeconomic Research Office (AMRO). (2017, May). *ASEAN+3 Regional Economic Outlook 2017* Asian Development Bank (ADB). (2017, February). *Meeting Asia's Infrastructure Needs.*

[6] Asian Development Bank (ADB). (2017, August). Working Paper No. 518:*The Role and Impact of Infrastructure in Middle- Income Countries:Anything Special?*

[7] Asian Development Bank (ADB). (2017, September). *Asian Development Outlook Update.*

[8] Asian Development Bank (ADB). (2017, October). *Asian Economic Integration Report:The Era of Financial Interconnectedness:How Can Asia Strengthen Financial Resilience?*

[9] Asian Development Bank (ADB). (2017, November). *ASEAN 4.0:What does the Fourth Industrial Revolution Mean for Regional Economic Integration?*

[10] Best Wayne. (2015). How Global Ageing Will Affect Consumer Spending. (Article on World Economic Forum website). Blackrock. (2017). *Global Investment Outlook:Mid-Year2017.*

[11] Bouet, A. & Laborde, D. (2017). U.S. *Trade Wars with Emerging Countries in the 21st Century：Make America and Its Partners Lose Again.* IFPRI Discussion Paper 01669, The International Food Policy Research Institute, Washington, DC.

［12］Brynjolfsson, Erik, Rock, Daniel, and Syverson, Chad. (2017, November). NBER Working Paper No. 24001:*Artificial Intelligence and the Modern Productivity Paradox:A Clash of Expectations and Statistics.*

［13］Centre for European Economic Research (CEPR) Discussion Paper No. 11-0518. (2011, August). *Age and Productivity:Sector Differences?*

［14］CICC. (2017, December). *China May Become the World's Largest Importer Within Five Years.*

［15］Coeure, B. (2018). *The Outlook for the Economy and Finance.* Workshop, 29th Edition, Villa d'Este, Cernobbio, 6–7 April.

［16］Cruz, Marcio, and Ahmed, S. Amer. (2016, August). *On the Impact of Demographic Change on Growth, Savings and Poverty.* World Bank Policy Research Working Paper No. 7805.

［17］Culiuc, Alexander. (2014, May). Determinants of Tourism.IMF Working Paper WP/14/82.

［18］Deloitte Insights. (2016). *Disruptive Strategy:Transform Value Chain Models.*

［19］Drehmann, Borio and Tsatsaronis. (2012, June). BIS Working Paper No. 380. *Characterizing the Financial Cycle:Don't Lose Sight of the Medium Term!*

［20］European Commission. (2017). *European Business Cycle Indicators.*

［21］ECB Bulletin. (2015). *Real Convergence in the Euro Area:Evidence, Theory and Policy Implications.*

［22］ECB. (2016, September). Occasional Paper No. 178:*Understanding the Weakness in Global Trade.*

［23］ECB. (2017, June). *ECB Forum on Central Banking:Investment and Growth in Advanced Economies.*

［24］Ehlers, Torsten. (2014, August). BIS Working Paper No. 454.*Understanding the Challenges for Infrastructure Finance.*

［25］ERIA. (2017). Policy Brief:ASEAN as an FDI Attractor:*How Do Multinationals Look at ASEAN?*

［26］Eshkenazi, Abe. (2017, April.). *Uberizing the Manufacturing Industry.*

［27］Eyraud, Luc, Diva Singh, and Bennett Sutton.（2017）. IMF Working Paper 17/1:*Benefits of Global and Regional Financial Integration in Latin America.*

［28］Field Service News.（2016, Jan）. *Infographic:The "Uberization of Service".*

［29］Flochel, Thomas, Ikeda, Yuki, Moroz, Harry, and Umapathi, Nithin.（2015, October）. World Bank Report No. 99401-EAP:*Macroeconomic Implications of Ageing in East Asia Pacific:Demography, Labour Markets and Productivity.*

［30］Fort, Teresa C.（2014.）*Technology and Production Fragmentation:Domestic vs Foreign Sourcing.*

［31］Global Tourism Economy Research Centre.（2016）. *Asia Tourism Trends.*

［32］Global Tourism Economy Research Centre.（2017）. *Asia Tourism Trends.*

［33］Hillberry, Russell R.（2011）. Causes of International Fragmentation Production.

［34］HSBC Research（2016, February）. *Vietnam at a Glance:The Next Five Years.*

［35］HSBC Research（2017, October）. *The Longest Boom:How Australia Did It, and What It Needs to Keep Growing.*

［36］IIF.（2017, October）. *Global Macro Views:A Primer on Premature Deindustrialization.*

［37］IMF.（2015, May）. *Asia and Pacific Regional Economic Outlook:Stabilizing and Outperforming Other Regions.*

［38］IMF.（2016, April）. *World Economic Outlook:Too Slow for Too Long.*

［39］IMF.（2016, August）. *Article IVReport on China:Selected Issues.*

［40］IMF.（2017, April）. *World Economic Outlook:Gaining Momentum?*

［41］IMF.（2016, May）. *Asia and Pacific Regional Economic Outlook:Building on Asia's Strengths during Turbulent Times.*

［42］IMF.（2017, April）. Panama, Selected Issues.

［43］IMF.（2017, May）. *Asia and Pacific Regional Economic Outlook:Preparing for Choppy Seas.*

［44］International Federation of Robotics（IFR）.（2017, April）. *The Impact of Robots on Productivity, Employment and Jobs.*

［45］International Labor Organization.（2016, July）. *ASEAN in Transformation:The*

Future of Jobs at Risk from Automation.

[46] International Labor Organization. (2016, November). *Non-standard employment around the world:Understanding challenges, shaping prospects.*

[47] J. P.Morgan (2017, September). *Global Convergence Halted:Updating to 2016 Weights.*

[48] Kharas, Homi. (2017, February). Brookings Working Paper No. 100:*The Unprecedented Expansion of the Global Middle Class:An Update.*

[49] Khurana, Ajeet. (2017, May). *Uberification/Uberization of Services is Hot.*

[50] Knowledge @ Wharton. (2015, May). *Will Cambodia Become the Gateway to ASEAN's 600 Million Consumers?*

[51] Kyrkilis & Pantedilis. (2004, January). Economic Convergence and Intra-Region FDI in the European Union.

[52] Lakatos, Csilla, and Ohnsorge, Franziska. (2017, July). *Arm's Length Trade:A Source of Post-Crisis Trade Weakness.* World Bank Policy Research Working Paper No. 8144.

[53] McKinsey Global Institute. (2016, July). *Poorer Than Their Parents?Flat or Falling Incomes in Advanced Countries.*

[54] McKinsey Global Institute. (2017, December). *Jobs Lost, Jobs Gained:Workforce Transitions in a Time of Automation.*

[55] McKinsey Global Institute. (2017, November). *What the Future of Work will Mean for Jobs, Skills and Wages.*

[56] Monetary Authority of Singapore (MAS). (2018, April). *Macroeconomic Review.*

[57] MAS Staff Paper No.53 (2015, July). *Medium-Term Growth in EMEAP Economies and Some Implications for Monetary Policy.*

[58] Mody, Ashoka, Ohnsorge, Franziska, and Sandri, Damiano. (2012, February). IMF Working Paper 12/42:*Precautionary Savings in the Great Recession.*

[59] OECD Development Center. (2013). *Asian Business Cycle Indicators.*

[60] Onofre, Rene E. (2017, Sep). *Uberization of Work.*

[61] Park, Donghyun, Shin, Kwanho, and Jongwanich, Juthathip. (2009, December).

ADB Working Paper No. 187:*The Decline of Investment in East Asia since the Asian Financial Crisis:An Overview and Empirical Examination.*

［62］Pettis, Michael. (2013, June). *China Financial Markets:How Much Investment is Optimal?*

［63］PriceWaterhouseCoopers. (2017, February). *How Will the Global Economic Order Change by 2050?*

［64］PriceWaterhouseCoopers. (2014). *Developing Infrastructure in Asia Pacific:Outlook, Challenges and Solutions.*

［65］Reserve Bank of Fiji. (2004). *Why Do We Need Foreign Reserves?*

［66］Rhyu, Sang-Young.Comment Paper:*Japan in Asia:Asia as Economic System.*

［67］Sheng, Allen. (2017, April). *An Uber model for manufacturing is ready to upend the industry.*

［68］Sheng, Andrew, and Geng, Xiao. (2017, February). Project Syndicate:Putting Asia's Savings to Work in Asia.

［69］Spence, Michael. (2011). *Growth in the Post-Crisis World.*

［70］The Economist. (2017, January). *Peter Navarro is about to Become One of the World's Most Powerful Economists.*

［71］TravelRave. (2013). Navigating the Next Phase of Asia's Tourism.

［72］UNCTAD. (2017). *Global Investment:Prospects and Trends.*

［73］US Federal Reserve. (2012, October). International Finance Discussion Paper No. 1057:The Return on US Direct Investment At Home and Abroad.

［74］Wisconsin Lawyer. (2017). *The "Uberization" of Legal Services:Consistent with Ethics Rules?*

［75］World Bank. (2012, November). *Avoiding Middle-Income Traps.*

［76］World Bank. (2015). *Golden Ageing: prospects for Healthy, Active and Prosperous Ageing in Europe and Central Asia.*

［77］World Bank. (2016, January). Global Economic Prospects:Spillovers amid Weak Growth.

［78］World Bank. (2016, April) *East Asia and Pacific Economic Update.*

[79] World Bank. (2016). *Live Long and Prosper:Ageing in East Asia and Pacific.*

[80] World Bank. (2017, March). *Recent Developments in Trade and Investment.*

[81] World Economic Forum. (2018). *Global Competitiveness Report 2017-2018.*

[82] World Economic Forum. (2017年1月). *Inclusive Growth and Development Report.*

[83] World Economic Forum. (2016, January). *The Future of Jobs:Employment, Skills and Workforce Strategy for the Fourth Industrial Revolution.*

[84] World Trade Organization (WTO). (2017). *World Trade Report 2017:Trade, Technology and Jobs.*

[85] World Trade Organization (WTO). (2017). *Global Value Chain Development Report 2017.*

[86] World Travel and Tourism Council (WTCC). (2017). Indonesia Travel and Tourism Economic Impact.

[87] World Travel and Tourism Council (WTCC). (2017). Japan Travel and Tourism Economic Impact.

[88] World Travel and Tourism Council (WTCC). (2017). Indonesia Travel and Tourism Economic Impact.

[89] World Travel and Tourism Council (WTCC). (2017). Korea Travel and Tourism Economic Impact.

[90] World Travel and Tourism Council (WTCC). (2017). Southeast Asia Travel and Tourism Economic Impact.

[91] World Travel and Tourism Council (WTCC). (2017). Thailand Travel and Tourism Economic Impact.

[92] Yong, Sarah Zhou. (2013, January). IMF Working Paper 13/13:*Explaining ASEAN-3's Investment Puzzle:A Tale of Two Sectors.*